●清末在中國內地進行傳教活動的外國傳教士

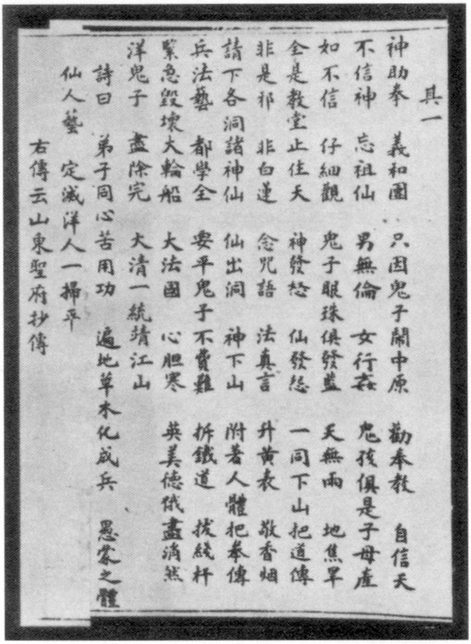

其一
神助拳　義和團　只因鬼子鬧中原　勸奉教　自信天
不信神　忘祖仙　男無倫　女行姦　鬼孩俱是子母產
如不信　仔細觀　鬼子眼珠俱發藍　天無雨　地焦旱
全是教堂止住天　神發怒　仙發怒　一同下山把道傳
非是邪　非白蓮　念咒語　法真言　升黃表　敬香烟
請下各洞諸神仙　仙出洞　神下山　附著人體把拳傳
兵法藝　都學全　要平鬼子不費難　拆鐵道　拔線杆
緊急毀壞大輪船　大法國　心膽寒　英美德俄盡消然
洋鬼子　盡除完　大清一統靖江山
詩曰　弟子同心苦用功　遍地草木化成兵　愚蒙之體
仙人藝　定滅洋人一掃平
右傳云山東聖府抄傳

●義和團扶清滅洋的傳單抄本

●義和團拳民

●義和團以火藥炸破北京西什庫教堂內的仁慈堂

●各國使館在東交民巷加緊構築防禦工事

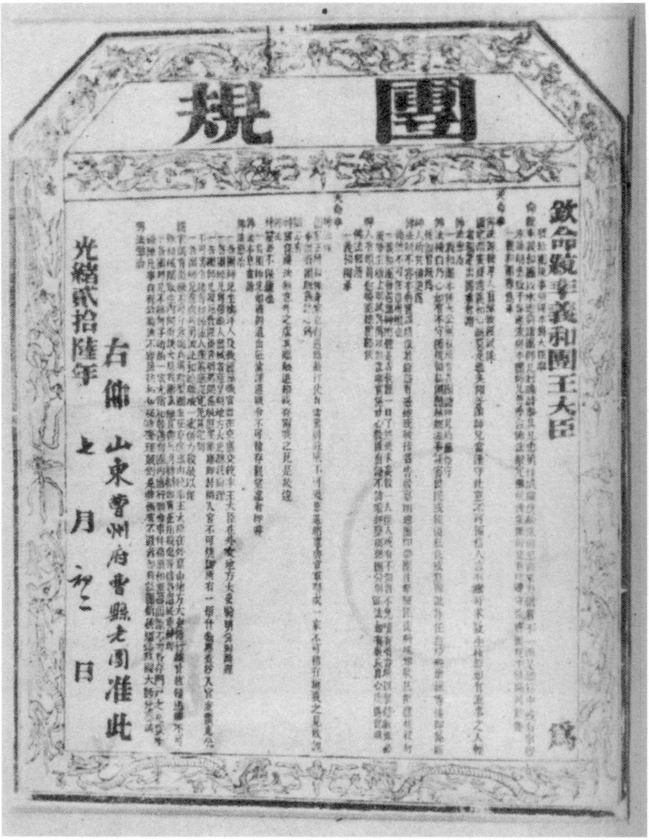

團規

欽命統率義和團王大臣

右仰 山東曹州府曹縣老團准此

光緒貳拾陸年 上月初二日

清廷為控制、利用義和團而頒發的《團規》

八國聯軍在大沽口登陸圖

●被八國聯軍焚劫後的天津民家

●被八國聯軍砲毀的北京街市

●被德軍逮捕的義和團民

●被清軍逮捕的的義和團民

●八國聯軍砲隊侵入北京

●麇集在午門前的八國聯軍

●奕劻、李鴻章（右座第一、二人）與各國駐華公使議和

Un exemplaire sera remis à chacun des Plénipotentiaires étrangers et un exemplaire sera remis aux Plénipotentiaires chinois.

Pékin, le 7 Septembre, 1901

●訂約雙方在〈辛丑條約〉上的簽字

唐德剛作品集

民國通史

晚清導論篇

唐德剛作品集④

晚清七十年

・肆　義和團與八國聯軍・［全五冊］

作　　者——唐德剛
主　　編——游奇惠
責任編輯——陳穗錚
發 行 人——王榮文
出版發行——遠流出版事業股份有限公司
臺北市 104005 中山北路 1 段 11 號 13 樓
電話／2571-0297　傳真／2571-0197
郵撥／0189456-1
著作權顧問——蕭雄淋律師
1998 年 6 月 1 日　初版一刷
2024 年 1 月 1 日　初版三十三刷
售價新台幣 220 元（缺頁或破損的書，請寄回更換）

ISBN　957-32-3514-5　（第四冊）
ISBN　957-32-3510-2　（套號）

YLib 遠流博識網
http://www.ylib.com　　E-mail:ylib@ylib.com

目錄

□自序：告別帝制五千年

【壹】中國社會文化轉型綜論

一、中國現代化運動的各階段

二、中國國家轉型論提綱

三、外交學步與歷史轉型

四、論中國大陸落後問題的秦漢根源

五、中國郡縣起源考（附跋）
——兼論封建社會之蛻變
六、論帝國與民國之蛻變
七、論帝國主義與晚清外患
八、論「轉型期」與「啓蒙後」
九、胡適的大方向和小框框
十、中國近現代史的拓荒者郭廷以先生
十一、中國近代目錄學的先驅袁同禮先生

【貳】太平天国

一、論晚清週期性內亂與洪楊悲劇
二、太平開國故事再檢討

三、預言書中的蔣毛與洪楊
四、「四不像」的洪楊割據
五、兩次「長征」，兩番「寸磔」
六、長征有始有終，喪權沒完沒了
——兼論小刀會起義上海及英人竊據我海關始末

【參】甲午戰爭與戊戌變法

一、「甲午戰爭」百年祭
二、慈禧太后和她的頤和園
三、爲黃海血戰平反
四、一百年後回看戊戌變法
五、解剖康有爲

六、「新學僞經」和「託古改制」
七、公車上書和保國保種
◎附錄・漢代的太學
八、那變不了法・改不了制的一百天

【肆】義和團與八國聯軍

一、傳教・信教・吃教・反教形形色色平議／003
先看「曹州教案」／外國教會是中國第二政府／教民是什麼回事？／耶穌會士與文化交流／全盤西化論的先驅／士大夫和工農兵抗拒耶和華／其罪可赦而養兒不能防老／一根油條大小的國際交涉／儒徒、佛徒比較阿Q／德人強佔膠州灣／「不可戰而戰」與「可戰而不戰」／「農民起義」的另一面／當年的「義和拳」，今日的「氣功師」／「毓」字帥旗下的「義和團」
二、列強刺激・太后玩火・端王竊政・群運出軌／041

民可用，團應撫，匪必剿／只能造反，不能保皇／毓賢和袁世凱的正反兩面／慈禧太后也有個四人幫／拳亂時期清政府的權力結構／志在奪權的四人幫，另有暗盤的老太后／「義和團」與「紅衛兵」後映前輝／太后陽剿陰撫，總督後撫先剿／義和團在保定和涿州蔓延／和戰必須決定，剿撫不可再拖／慈禧太后的紅衛兵／殺人放火的收場

三、慈禧太后向十一國宣戰始末／083

甘軍慘殺日本書記／李鴻章、袁世凱是關鍵人物／「蔣幹偷書」的假戲眞演／「政治家」退化成「女人家」／德使克林德濺血街頭／西太后的「珍珠港」／劉坤一與「東南互保」／懸賞捕殺洋人／拿「一龍二虎十三羊」開刀立威／攻打使館的鬧劇與心機／使館倖存，首都淪陷

四、不堪一擊的拳民與七國雜牌軍／113

防守東交民巷的八國洋兵／七拼八湊的聯軍先遣隊／一場國際輪盤賭／聶士成、裕祿相繼殉國／面對「人民戰爭」的威脅／帝國主義是「紙老虎」／一萬六千名雜種雜牌軍／爲李秉衡平反／徐家十八位女眷集體自殺／「賠款」而不「割地」也是奇蹟

五、「門戶開放」取代「列國瓜分」／139
長老會的牧師也佔領王府／馬克吐溫仗義執言／新舊教之間也勢成水火／德軍肆虐，傳教士收保護費／瓜分中國事小，瓜分英國市場事大／美國突然變成遠東強國／小班超不識大利害／段數高超的唐寧街外交手腕／李鴻章段數也不低／棋高一著，逼手逼腳／弱國未必無外交／使館解圍，聯軍解體，瓜分結束／每個中國公民各賠美金七毛四／李鴻章之死

【伍】袁世凱、孫文與辛亥革命

一、從蔣中正與毛澤東說到袁世凱
二、從中原世族到朝鮮監國
三、亂世抓槍桿，有槍便有權
四、捲入三大危機・一項運動
五、論孫文思想發展的階段性

六、細說辛亥革命
七、同盟會是個革命大拼盤
八、韃虜易驅，民國難建

晚清七十年

肆

義和團與八國聯軍

一、傳教・信教・吃教・反教形形色色平議

在中國近代「轉型期」的轉變過程中，「戊戌變法」是個重要階段。變法失敗固然是件慘事，而眞正可悲可嘆，乃至慘不忍言的，卻是它的後遺症，那椿幾乎引起中國遭「瓜分」(The Partition of China)之禍的「義和團」和「八國聯軍」之亂。義和團和八國聯軍是戊戌政變的立刻後果。但是這件中國近代史上的所謂「拳亂」，究竟是什麼回事呢？

拳亂差不多過去快一百年了。近百年來，中外史學家，尤其近十來年在數次有關鍵性的國際研討會之後，可說已把這椿慘史的事實，弄得相當清楚。就歷史事實發生的經

過來說，史家已大致沒太多爭辯的了。但是各派史家對這樁史實的解釋，則仍是南轅北轍，各異其趣；有的甚至指著鼻子，相互辱罵。

不用說在事變當時的一兩年中（一九〇〇～一九〇一），大清帝國的宮門之內，就爲是非問題而弄得人頭滾滾；一百年來的中外、新舊、左右、前後各派史家，以及國共兩黨的宣傳家、理論家，中外基督徒與非基督徒，乃至東方和西方的社會科學家、宗教家、政治家等等，對這樁歷史的解釋，也是兩極分化，各不相讓的。

我們應該承認，作爲一個華裔史學工作者，對這件驚天動地而是非難分的歷史事件，要想筆端不帶感情，而據實直書，也幾乎是不可能的。但我們也相信，古今中外，任何驚天動地的歷史大事，都應該有其基本上的公是公非的。戴有色眼鏡、作曲筆之言，都是不對的；其記錄也是不能傳之後世的。

歷史家如能壓低他從任何背景所承繼來的知識、經驗和感情，心平氣和地來尋覓這件史實的公是公非，也不是絕對不可能的。本篇在落筆之前，筆者就希望先把這件歷史事實，簡單扼要地弄清楚之後；在各派史家對此史實都會覺得沒太多爭辯之時，我們再進一步的來加以詮釋：是其是、非其非，找出它比較接近眞理的「公是公非」，作爲定論。

先看「曹州教案」

比較具體的說，義和團之亂，應該是從一八九七年（光緒二十三年，陰曆十月）所發生的「曹州教案」開始的。當然教案不始於曹州，義和拳也並非曹州土產。但故事從曹州教案說起，我相信是個比較實際的選擇。

曹州教案是什麼回事呢？原來清末山東曹州府屬下的鉅野縣有個德國天主教堂和屬於該教堂的一些教民。一次這批教民和當地人民發生衝突，教堂袒護教民，因而引起群衆暴動。在暴動中有非教民三十餘人衝入教堂，一下不但把教堂砸了，連教堂內的兩位德國傳教士能方濟(Franz Nies)和理加略(Richard Heule)也被無辜的打死了。這一來鬧出人命，尤其是那時享有「治外法權」(extraterritoriality)的外國人命，就變成列強「強索租借地」(The Battle of Concessions)的導火線了。

曹州府位於山東省西南部，下接江蘇省的徐州府，是個出「響馬」的地方，民風強悍。《水滸傳》裡的「梁山泊」，便在曹州境內。唐朝末年「黃巢殺人八百萬」，也是從曹州開始的。繼洪楊而起的「捻軍」，也起於這一帶。不用說清末亂世了，就是一般太平盛世，當地老百姓之間的械鬥也是隨時都有的。出了幾個武松，打死幾個西門慶，本是司空見慣，不算稀奇。只是這次械鬥的一方是教民，教民之後有洋人撐腰，問題就複雜了。

外國教會是中國第二政府

須知那時在中國的洋人，都是不受中國法律管束的太上皇，他們都享有「治外法權」和「領事裁判權」的保護；犯了中國的法，只有他們自己的「領事」，按照他們自己的法律，才能「裁判」他們。

縱使是外國教會傳教士設在中國的教堂，也形同中國境內的第二個政府。外國的傳教士和中國的官員也是按照對等職分，平起平坐的。據當時滿清朝廷的規定：教會中的「主教」是與中國一品大員的地方官「總督」、「巡撫」平行的；「副主教」與「司、道」（省區二級官員藩台、道台）平行；「神父、牧師」與「知府、知縣」平行。

在那官權高於一切的專制時代，老百姓對親民之官的縣太爺，都要叩頭跪拜，尊稱

「老爺」的。老爺的妻子才許叫「太太」。哪像今天的台胞和華僑，動輒介紹自己的老伴爲「我的太太」。今日大陸更不得了，開口閉口「我的夫人」。「夫人」者，在那義和團時代，政府高官、三品以上「大人」的老婆，始可有此尊稱也。

相對之下，則洋教會中主教的老婆，就等於中國的「一品夫人」；牧師的老婆都是「太太」。一般「子民」老百姓見之，都是要下跪的。所以那時在中國傳教久了的西方傳教士，一旦回到他們自己國內做平民，對他們根生土長的社區，都很難適應。因爲他們在中國時，都有高官的身分，和供使喚的婢僕。高官就難免有「僚氣」。有僚氣的人，在西方尤其是美國的社區之內，就很難適應了。

西方教會既然在中國境內形成了「第二個政府」（有時甚至是「第一個政府」），則在這另一個政府庇護之下的「教民」，也就不是普通的老百姓了。

〔附註〕西方教會中的主教原都是有妻子的。有妻子自然就會有兒子。兒子在父親死後自然就會爭遺產。而主教當時都掌握有教會產業；而教會又是大地主大富翁。因此主教一旦死亡，則嫡子嗣子的遺產之爭，就鬧不完了。這樣教廷乃乾脆禁止主教們娶妻生子。

教民是什麼回事？

教民又是什麼回事呢？教民現在叫基督徒。那時中國境內極少中國牧師主持的華人教堂，所以中國基督徒都是在外國教會在中國建立的教堂中做禮拜。信徒全是由外國牧師領洗的。中國人雖久有一盤散沙之喻，而洋教會則善於組織。因此當時分佈在山東省各教會中心的中國基督徒（人數約在兩萬至四萬之間），實在是一個在外國牧師領導之下，很有組織、極有力量的一個社團。這個社團的「領導」（恕我借用一個目前通用的名詞），每個人都享有「治外法權」。在「領事裁判權」保護之下，他們既不受中國法律的約束，他們對接受他們傳教的中國教民，也就只按他們的教義來加以保護了。所以這時在山東的教民不是弱者。他們的團體在當時多重中心的中國社會裡，其力量不但足與任何黑、白社會的民間團體（如大刀會、紅槍會、八卦教、義和拳、青洪幫、農會、工會、宗親會、同鄉會等等）相抗衡，它甚至把當地權力無邊的各級衙門也不放在眼裡。——滿清政府對當地人民雖享有生殺予奪之權，但是他們對在洋教會保護之下的教民，就凡事讓三分，不願自找麻煩了。

因此，那平時極少制衡的中國中央和地方政府，這時總算碰到一個剋星——那個足以與它分庭抗禮，甚或權勢猶有過之的外國教會。所以從「抗拒那極權政府的魚肉人民，和防制社會上惡勢力欺凌以及引領教民走上比較現代化生活」這個角度來看，洋教會在當時中國的政治和社會裡，有時也發生著很多的正面作用。

慢說清末那個顢頇腐化的政府了，就以目前這個張牙舞爪的北京人民政府來說吧！我們那個橡皮圖章的「人民大會」，對中國人民所應享有的人權、民權的保護，究有多少實效呢？朋友，你嫌老美干涉我們的內政；他們的國會動不動就爲我們的「人權」投票。但是我們的國會既然保護不了我們自己的人權，人家不願只「自掃門前雪」，偏要「替天行道」，到我們門前來吵吵鬧鬧，發生點國際制衡作用，又有何不好？我們都是有共同「球籍」的居民嘛！我們如果由於受不了芳鄰善意的騷擾，便要拉攏一向不懷好意的惡鄰日本，組織「大東亞共榮圈」，來和老美「冷戰」，甘心讓鼠首兩端的日本反動政客來打「中國牌」，那就偷雞不著蝕把米，後患無窮了。這雖然是題外之言，然一念及之，仍情難自已也。

耶穌會士與文化交流

可是那時的中國教民既享有如許的政治上和社會上的優勢，而信教的人，還是寥若晨星（約合山東全省人口的千分之一），原因又在哪裡呢？

簡單的說來，那就是個文化融合的問題了。不同的文化會產生不同的「生活方式」。不同的生活方式在同一個社會裡同時流行，就要發生社會矛盾；在家庭生活上也要發生嚴重的代溝。要使這兩種生活方式「水乳交融」；要打破這兩個泥菩薩，再揉成兩個泥菩薩，你身上有我，我身上有你，那就非一朝一夕之功了。所以當時中國老百姓之所以拒絕信仰洋教的原因，便是在那時的中國社會裡，基督教的生活方式，和中國傳統的生活方式，不是水和乳的關係，而是水和油的關係。二者是融合不起來的。

須知任何宗教都是從一個特定的民族文化中滋生出來的；然後再以此民族文化爲基礎，推陳出新，發揚光大，向其他民族文化中滲透傳播。基督教原是發源於猶太民族文化之中，是「猶太教」(Judaism)中的一個有革命傾向的開明支派。基督本人被釘上十字架時，他也不知道他已經成為一個「基督徒」。基督之死，只是一個開明改革派的「猶太教徒」殉道而已。可是基督死後，那些尊師重道的基督之徒（在中國儒家則叫做「仲尼之徒」），保羅、彼得之輩受不了猶太本族的宗教迫害，乃向歐非兩洲的異族之中鑽隙發展；歷盡異端迫害，終於篡奪了東西羅馬的政權，成為獨霸歐洲的宗教。在北非，他們也建立了一個黑色基督大國的亞比西尼亞（今衣索匹亞）。在歐非兩洲分別傳播的基督教雖截然有別。——在歐洲的教義內，「上帝」是沒有形像的；但是在早期非洲基督教會內，「上帝」則有個人形塑像，祂和佛道兩教寺觀之內的雕像是大同小異的。所以，洪秀全在夢中所見到的紅臉金鬚的「天父皇上帝」，原是《舊約聖經》和非洲基督教中的上帝。美國當年的新教傳教士羅孝全，不承認洪秀全的上帝，實在是他神學史未搞通而少見多怪。但是不論歐非兩派是怎樣的不同，他們同出於最早期基督使徒之傳播則一也。

可是基督教卻與中國文明風馬牛不相及。在唐朝初年東羅馬正教的波斯支派(The Nestorians)曾一度循「絲路」東來。但是它除留下一塊「大秦景教流行中國碑」之外，歷史家找不到它是如何流行的，影響就更談不到了。迨明末清初，尤其是清初，「耶穌會士」(Jesuits)奉教廷之命來華傳教。但是清初的康雍二朝實是中國歷史上空前絕後的盛世。這時的中國把那些傳教士眞看得目瞪口呆。這批「耶穌會士」都是些聖潔(holy)而有殉道精神的學者。在當時中西文明互比之下，他們覺得當時的歐洲在政治管理、社會道德、經濟成就各方面往往西不如中。因此在所有傳教士書簡中，眞是衆口交讚——甚至是未說過中國一句壞話。所以他們東來所走的路，不是「單線街道」(one-way street)。中國文明之西傳，他們也是功不可沒的。這些耶穌會士當年所搞的是一種眞正的東西文化交流。他們要修正他們自己的教義，來配合中國的儒家道統，截長補短、採精取華的融合共存。不幸在十七、八世紀之間，他們的教廷卻愈走愈教條化；而中國宮廷之內的政爭也把他們無端捲入。因此這場多彩多姿、平等互惠中西文明之結合，就無疾而終了。

全盤西化論的先驅

耶穌會士絕代後百餘年，十九世紀中期歐美傳教士又接踵而來。時隔百餘年，雙方環境都完全變了樣。這時大清王朝已走入衰世——政府腐化無能，社會貧窮髒亂，公私道德也全部破產，眞是人不像人，國不像國。而這時的歐美國家卻正如日出東山，朝氣勃勃。縱是在他們治下的殖民地如香港，租借地如上海、廣州和天津的各國租界，都遠比中國境內要高明得多。

在這個尖銳的對比之下，十九世紀的傳教士就沒有當年耶穌會士那種虛懷若谷的雅量了。這時的傳教士也不是像當年的耶穌會士那樣經過教廷選拔而爲宗教獻身的聖徒。他們很多都是《聖經》之外別無所知的神職人員；有許多更是由鄉曲小教堂籌款，把他們送到海外的落後地區傳教的。因此他們一開始，就有不可一世的種族和文化的優越感，認爲他們傳教的對象是一種遍身罪惡、滿身傳染病而無文化的異端。這種異端蠻族也只有信上帝，全盤基督化，才能「得救」。

所以十七世紀與十九世紀從西方東來的基督徒傳教士的作風，簡直是南轅北轍。前者所做的是兩個對等文化的交流與融合；而後者則是一邊倒——中國人民如要「得救」，就只有完全放棄自己的文化傳統與生活方式而全盤基督化，也就是「全盤西化」。他們實在都是「全盤西化論」的先驅。

當然那時中國的宗教信仰（如看相算命、崇信城隍土地），和一般生活方式如纏足、納妾、吸毒、盲婚……等等都表現得十分落後甚至野蠻的。但是中國文明中亦有其可取之處。不可因噎廢食、玉石不分。除舊佈新，原是任何有文化的社會都應該做的事。斯之謂「現代化」也。中西文明之對比，非中不如西也。只是中國文明「現代化」之起步，晚於西方文明三百年而已。

即以醫藥一項作比。中古時期中國之醫藥，實遠邁歐西；而十九世紀與二十世紀之時，則「中醫」較「西醫」之落後就不可以道里計矣。然「中醫」（如草藥、如氣功、如針灸）又為何不可「現代化」、「科學化」，以至於「中西醫結合」，截長補短，互惠合作呢？中國人為什麼一定要廢除中醫，全用西醫呢？

所以我們談「中西文化之比較」、「中西文化之融合」、「東西宗教之對比」等等比較史學和比較文化上之專題，實千萬不能忽略其間的「階段性」。中西互比，我們只能以古代比古代、中古比中古、近代比近代，而分別論其短長。不可不分層次，不辨古今，囫圇吞棗，而泛論一切！

吾人如自覺近兩百年來，在「現代化」過程中落後的衰勢中國文明，遠不如「現代化」較早，而至今仍處於盛勢的西方現代文明，就要盡棄傳統。「全盤西化」，這原是啓蒙時代的幼稚病；啓蒙諸子的矯枉過正之言，不值深究。而好漢專提當年勇，不分階段、囫圇吞棗，硬說精神勝於物質，東風可以壓倒西風，當然更是不通時務之論。要知東西文化，原無優劣；而時間今古，則長短分明。

不幸的是，在那清末民初之世，中西雙方均各走極端。西方神職人員之來華者，認爲落後貧窮的中國異端，除信他們的上帝之外，無二話好說。伯駕牧師說得好：「中國人不服從，就毀滅(bend or break)。」因此那時縱是最善良、最具好心腸的傳教士，對他們母國的帝國主義在中國的胡作非爲，也多表支持。有的甚至認爲「帝國主義」並不存在。此一「帝國主義不存在論」的心態，其後且蔓延至西方漢學界。連新近才逝世的西方漢學泰斗的費正清先生亦終身服膺之。到他寫完自傳的死前數年，才稍有轉變。

這是那時西方人在中國的基本態度。這一態度如不改變，則西方教士傳教中國，就永無安寧之日——上至士大夫，下至工農兵，都要一致抗拒了。太平天国之覆滅，就是中國士大夫抗拒基督教之結果；如今義和團之興起，則工農兵和基層社會中人抗拒基督教之行爲表現也。拳亂之時，除少數滿洲貴族乘機附和，企圖扶清之外，漢族士大夫幾乎完全靠邊站；甚至有奮起「剿滅拳匪」者。非漢族士大夫有愛於耶教也，只是他們頭腦較爲清楚，吃一塹長一智，認爲洋人惹不得罷了。

士大夫和工農兵抗拒耶和華

若問中國士大夫和工農兵爲什麼一定要抗拒基督教呢？爲此難題，近年來台灣基督教會在一些傑出領袖如林道亮、阮大年、王永信、周聯華、林治平諸先生策畫之下，籌有鉅款，設立專門計畫來加以研究。

據吾友李湜源教授的解答，中國人未嘗反對耶教也。只是耶教教義與中國倫理傳統互異，二者交流乃發生嚴重的文化衝突。這種文化衝突不解決，則中國人就難於接受耶教了。李君亦是虔誠的基督徒，對神學與神學史均有深入的研究。舉例以明之，李君就認爲曾在《聖經・舊約》中出現六千次的「上帝的上帝」耶和華(Yahveh)就不是「中國人的神」。下面且抄一段李君對耶和華的討論：

> 耶和華是一位很特別的神，第一，他是神人合一。他有手，有指，有腳，有腿，有眼，有耳，有口，有鼻，能說話，有聲音，他能夠種樹，也能夠縫衣，他是男

性，是父親，有兒子，他能教訓，也能咒詛，他能記憶，也能忘記，他能笑，也能哭，也能喜、怒、哀、樂、愛、惡、欲。他有一定的住所，西乃山是他居住的地方，但是他又時常奔走，「自從我領以色列人出埃及直到今日，我未曾住過殿宇，乃從這會幕到那會幕，從這帳幕到那帳幕。」（〈歷代誌〉上，第十七章第六節）第二，他是一個恐怖(Terriable)的神。原文「Terriable」一字，中文聖經譯作「應受敬畏」。「耶和華因爲不能把百姓領進他向他們起誓應許之地，所以在曠野把他們殺了。」（〈民數記〉第十四章第十六節）「我是耶和華，不輕易發怒。我有浩大的愛；我赦免罪惡和過犯。然而，我一定要因父母的罪而懲罰他們的子孫，甚至到第三、第四代。」（〈民數記〉第十四章第十九節）「耶和華吩咐以色列人與米甸人打仗，把一切的男孩和所有已嫁（原文作曾與男子性交的）的女子都殺了，但女孩子（指小童）凡沒有出嫁的（原文作沒有與男子性交過的），你們都可以存留他的活命（原文作留作你自己使用〔姦淫〕）。」（〈民數記〉第三十一章第七至十八節）「耶和華是一位嫉忌的神，他的名字就是嫉忌。」（〈出埃及記〉第三十四章第十四節）「嫉忌就是我（耶和華）的聖名。」（〈以西結〉第三十九章第二十四節）。在舊聖經我們可以處處看到，耶和華是一位戰神，是一位猶太人的神。

湜源認爲耶和華是一位猶太人的神，是一位戰神。吾人授中東文化史，固知所有發源於中東的宗教，都是戰鬥的宗教；在中東寄居或過往的民族所崇拜的神，都是「戰神」。因爲中東地區，自古便是四戰之區，人民不好戰便不能生存；爲戰爭而激發的宗教所崇奉之神，自然也都是戰神了。

戰沒什麼不好。不過他與宣傳反戰的儒佛兩教，也是教義不投的。所以中國人很難接受上述的耶和華。

李君又提到「十九世紀中國人信教原因〔之二〕，是因爲教會能夠赦罪」。但是教義裡的可赦之「罪」不是「罪惡」的罪(crime)，而是「過錯」的罪(sin)。那時中國教民受享有領事裁判權的洋教士的庇護。「中國人犯了罪就參加教會，得到罪的赦免。因此參加教會要付相當的價錢。」當年教會辦的刊物，就記載過一則故事如下：

一位〔西方〕傳教士在渡船裡聽到兩位中國人磋商購買參加教會證書的價錢。

這是一件人所共知的事實，在某個中國城市，中國傳道人要定下普通參加教會證書的價錢。（見《教務雜誌》一九一〇年三月，頁二〇九。）

李教授也對章力生先生所著的《人文主義批判》，作了些反批判。章君說：

東方是異教的大本營。我們要使基督教會在東方紮根，建立不拔的基礎，必須掀動異教的文化結構和哲學系統，向他們積極挑戰……。

湜源又說：

章先生勸告中國人，大徹大悟，在全能全知的眞神之前，去其「驕氣與多慾、色態與淫志」；好像「多慾」、「淫志」也是中國人反對基督教的原因。（章力生《人文主義批判》，頁四）（見李湜源著〈中國人與基督教——商討中國人對基督教的反響〉，載《文藝復興月刊》，台北中國文化大學出版，民國七十年（一九八一）十月一日，第一二六期，頁五八～六二。）

章力生先生還是生在二十世紀的中國人。一位篤信基督的良心教徒。他的言辭之一邊倒，和他反華衛教態度之絕決尚且如此；我們可猜想庚子年間，那些享有「知府」、「知縣」地位的西方傳教士，其衛教反華的態度，就不言可知矣。明乎此，我們也可了解當年所謂「民教衝突」的因素是多麼複雜。

其罪可赦而養兒不能防老

須知當年的中國基督徒原有「良心教徒」(Conscience Christians)與「吃教教徒」(Rice Christians)之別。良心教徒一旦入基督之門，則終日懺悔有罪，時時在上帝之前思圖自贖。

老來篤信基督的張學良將軍夫婦，便是一對標準的良心教徒。前年張將軍在其九十壽誕致辭時，劈頭一句便說：「我是個罪人！」當時曾使全場大驚。或謂少帥當年在李烈鈞庭長之前都沒有認罪。這一下被關了五十年，反而認罪懺悔起來，亦見軍事委員會「管教」之有方也。其實張氏所講的只是基督教義裡的一個術語，他所「認」的只是此罪(sin)，而非西安事變時所「犯」的彼罪(crime)也。可惜在國民黨的傳統之中，黨魁之外，教民寥寥。聽眾之中，通基督教義者，小貓三隻四隻而已。所以大家就錯把馮京作馬涼，以爲少帥對西安事變這項「罪惡」，懺悔了，認罪了。因此全場大鼓其掌，亦民國史中趣事之一也。

把少帥之sin當crime來曲解，小事也。最多讓後世史家上錯一筆帳，也使把少帥看成「千古功臣」的中共黨人稍感惶惑罷了。可是對基督其他教義（如「赦罪」）的誤解，那關係就大了。根據教義「罪」既可「赦」，則又有何罪不可「犯」呢？——這就對「吃教教徒」爲非作歹，大開方便之門了。

抑有進者，縱是那些最善良最虔誠的良心教徒，他們在當時的中國社會裡，有時也可製造出極嚴重的社會矛盾。舉例以明之：當時所有的基督教會都是以「反孝」甚或「仇孝」作號召的。他們認爲人只能向上帝盡孝，不應向父母盡孝。筆者便有一位在中國出生，說得一口京片子國語的傳教士好友。她當年在北京對一位搞「晨昏三叩首」形式主義的滿族「孝子」，印象太壞了。所以她一輩子堅持她的格言：「孝順」就是「笑話」。

清末在中國傳教最有成績也最有見識的美國傳教士，後來又做到中國「同文館」乃至「京師大學堂」總教習的丁韙良(W. A. P. Martin, 1827~1916)，也堅持相同的意見。他認爲人對上帝的孝順，不應被人對父母的孝順所阻隔。

基督教這種上帝獨大的「反孝」立場，因此與當時「百善孝爲先」的中國倫理，便針鋒相對了。我們如把十九世紀末年來華的傳教士與十六、七世紀來華的耶穌會士相對比，則後來者就顯得武斷專橫多矣。

筆者不學，亦嘗讀佈道諸子之書，對他們處理如「孝道」這類的社會問題之輕率自信，就時感駭然。姑不論其道德價值如何，「孝」的本身卻是一種「社會經濟制度」(a socio-economic institution)。在那個缺乏「社會立法」(social legislation)、社會保險，沒有退休金、養老金的中國傳統（今日仍然如此）的社會裡，「養兒防老」，豈只「道德」而已哉?社會經濟之必需也!

設有男子，受了上帝影響，或經濟和老婆的壓力而置父母飢寒於不顧，這一「不孝子」，不但道德有虧，爲親友鄉黨所不齒，他在《大淸律例》之中也是個「刑事犯」，要被捉將官裡去的。

假若這個刑事犯是一位虔誠的基督徒，甚或只是個「吃教」的騙子。但是這個官家捉人的消息一旦由他家人妻子哭訴到教堂裡去，那些篤信教條、誠實而又偏心的外國牧師們，可能便要向官方施壓索人。那時畏洋人如虎的滿清官吏，爲自保祿位，息事寧人，多半也就遵命開釋。

那位精通中國語言文字，並曾在說京粵語的華人之間充當方言翻譯的丁韙良，在他的自傳裡就曾自炫他替某些「不孝父母的上帝信徒」，開脫過罪名。這些中國倫理範疇內的「不孝子」，在洋人的庇護之下，是逃脫了中國法律的制裁，但他卻逃不掉社會輿論的指摘。一旦他那年邁無依的二老，把家事鬧上街頭，則「梁山」下來的英雄，「大刀會」裡的好漢，內外兼修、精通「義和拳」的氣功師，就要仗義、行俠、鋤奸（不孝子）、除暴（洋教堂）了。爲鋤奸除暴而砸了教堂、打死了洋牧師，問題就大了。打死人的李逵、武松等「義士」，可以上梁山一逃了事，但是這命案變成了國際事件，則本地縣太爺、太守、刺史乃至中央的總理衙門，就無處躲藏了。中西讀者們，且設身處地的想想，你如是那時處理這件公事的中國縣太爺，你應該怎麼辦？

以上所舉只是當年千百個「教案」之一例。其中是非曲直，從何說起呢？不幸的是當年的教會中人都是跟隨帝國主義的堅船利砲，闖入中國內地的，對中國傳統的道德倫理，和社會經濟結構都只是一知半解，而對他們自己教義的堅持，則半寸不讓。因此對中國官府民間動輒頤指氣使。中國政府對教會過分忍讓，則失信於民；民間組織自行抗拒，在洋人壓力之下，官又指民爲匪，妄肆誅戮。如此惡性循環，治絲益棼。最後官方威德兩用，剿撫兼施，難免又良莠難分，養癰成患，爲無知昏聵者所利用，則義和團之形成也就無可避免了。

一根油條大小的國際交涉

再如咸豐年間影響中美關係極鉅的小教案，則起源於美國牧師以發放銅錢，鼓勵市民於禮拜天入教堂做禮拜惹起的。一個銅板對富有的美國牧師，只是九牛一毛，但它對流落街頭的廣州貧民，則至少是一根油條的價值。爲控制這根油條的佈施，禮拜天的教堂門前就要發生（如今日在美國亞裔社區內所習見的）「幫派鬥爭」(gang fight)了。青龍白虎兩幫爲搶地盤，大打出手；城門失火，殃及池魚，連美國教堂也被砸了。

這樁砸教堂打教民的街頭武劇，被洋牧師鬧入衙門，就變成國際事件了。等因奉此，那位出身牧師，後來變成美國駐華使館的翻譯，遞升代辦，終成公使的外交官伯駕(Peter Parker, 1804~1888)乃行文要求清政府賠償損失。那時畏伯駕如狼，而討好美國公使更唯恐不及的清廷欽差大臣，非敢不賠也；他老人家怕的是，此惡例一開便不得了也。他們就只好拖延。但是那時的美國佬也不是好惹的；伯駕豈是等閒之輩？他堅持清方非賠不可，案件一拖十年，竟成爲咸豐朝（一八五一～一八六一）中美外交中最大的疙瘩。最後還不是清朝大臣打躬作揖，賠款了事。

這個由於傳教失策引起街頭幫派打架，再由幫派打架殃及教堂，遞升爲國際外交癥結的小故事，筆者笨拙，不惜囚頭垢面，自美國檔卷中窮索之，終於水落石出。但是這一類事件，在一些有既定成見而又不願深入的史家的筆下，都變成華人排外反教的實例。

其實，朋友！他們爲上帝的一根油條打架是眞；排外反教的帽子就未免太大了。

儒徒、佛徒比較阿Q

在這百十件「教案」中，當然我們不能說沒有爲排外而排外，爲反教而反教的實例，因爲「排外族」、「反異教」都屬於基本「人性」(human nature)。各民族之間只有程度深淺的不同，沒有有無的例外。試看摩西的出埃及；基督之上十字架；古羅馬人之屠殺基督徒；中古教廷之焚殺異端；近古之宗教戰爭；回教之崛起與傳播；回教兩派之內戰……，血流成河、屍骨堆山，何一而非排外族、反異教耶？

但是在世界各大民族及主要的宗教文化之間，還算是儒佛兩教較爲缺少「排他性」。凡耶教、回教所不能忍者，儒徒佛徒多能身受之。余讀教士書，知彼輩來華之初，多乏託身之所。初期天主堂與基督教堂迨多借地設於佛寺、道觀之內。其神父、牧師講道往往便置十字架於佛前香案上。宣道至高潮時，往往便揮杖直指神壇上泥塑木雕之佛像，斥之爲糊塗偶像，有罪而無靈……。基督教原爲排他性極強之宗教，對異教之「敵我矛盾」，界限分明。詆辱異端之言辭，均極嚴峻；而傳教士篤信本教眞理，亦從不諱言之。有時在其辱罵異端至激烈之際，四周圍聽之僧侶與群衆不但不以爲忤，每每且爲之歡笑助興……。余讀書至此，輒掩卷竊笑，想我民族何阿Q若此？然亦中國文明寬容之一面也。其智可及，其愚不可及，正是聖賢之道也。

試思此一情況如主客易位。設有東方黃人，於坐滿愛爾蘭碼頭工人(Irish longshoremen)的紐約天主堂內，揮杖直指懷抱嬰兒之聖母瑪利亞(Virgin Mary)爲無知村婦、瑪利亞之子爲頑劣牧童，豈不頭破血流，天下大亂哉？

華民非不反異教也。然華族固爲一無宗教之民族。群衆百姓一般均安於土宗教(folk religion)，隨地拜拜，神佛處處，再加幾個耶穌、上帝，不以爲多也。有教無類，故對入侵異教，頗能阿Q之。斯爲獨崇一教之中東及西方諸民族所難能者。所以若論反異教，則我民族較之西人，較之回猶諸族，寬容十倍矣。

作者落筆至此，電視內正演映前南斯拉夫境內塞爾維亞族耶教徒與波士尼亞境內之回教徒相互殘殺，血肉模糊之鏡面。爲虛無的超自然而相殺，我民族史中，除洪楊一役之外，未嘗有也。子曰：「未能事人，焉能事鬼？」殺生人而事鬼神，科學耶？民主耶？終須等到中西文明現代化扯平之時，始可言其是非也。

德人強佔膠州灣

可是在那義和團時代，最可嘆的還不是這些宗教上和哲學上的是非問題，而是德國凱撒以此爲藉口而強佔了中國「膠州灣」的政治問題。德人既佔膠州灣，其他帝國主義之列強乃發生連鎖反應。中國沿海港口上自旅順、大連、威海衛，下至九龍、廣州灣，一時均爲列強所霸佔——九十九年之強租與霸佔何異？由港口之霸佔，乃有列強對中國內地「勢力範圍」之劃分。若非由於諸帝國主義之勢力相持不下，則大清帝國早就變成波蘭了。

此一瓜分局勢之形成，實德意志帝國以「曹州教案」爲藉口而始作俑者。義和團就是國人對這次國難愚蠢的反應。

德國原爲近代世界政治史上擴張主義之後進。所謂德意志聯盟本來只是日耳曼民族之間一個鬆散的城邦組織。一八七〇年（清同治九年）普魯士一舉擊敗法國之後，普王威廉一世在名相俾斯麥策畫之下，一躍而爲諸邦之首，德意志始粗告統一。其後十年生聚、十年教訓，至一八九〇年威廉二世即位，俾斯麥罷相時，德國後來居上，儼然已發展成爲當時一主要的中歐強國，搞合縱連橫，不可一世，而威廉對向外擴張尤迫不及待。不幸此時亞非拉諸落後地區，已爲諸先進列強所瓜分，空隙極小。至一八九五年中國爲日本所敗，割地賠款。這對歐洲後進的帝國主義德義兩國卻是個極大的鼓勵（義大利之統一、復興及擴張，幾與德意志同一時間，同一模式）。兩個遲來晚到的小強梁，當義大利在浙東三門灣一帶伺隙而進之時，德皇的先遣密探已在膠州海面打主意了。一八九六年十二月十四日（陰曆十一月十日）德國駐華公使海靖(Herr von Heyking)乃正式向總理衙門提出租借膠州灣五十年之要求。

總理衙門在它的創辦人恭親王奕訢主持之下（奕訢是同治和光緒兩個皇帝的胞叔），愛護膠州事小，怕列強援例事大，乃加以婉拒，交涉經年，沒有結果。但是德皇威廉二世和他派駐北京的海靖公使，這時氣焰正盛。威廉已派有實力可觀的遠東艦隊游弋於膠州灣內外，虎視眈眈。這是當時列強根據不平等條約所享有的特權，而中國北洋海軍則於甲午戰敗後，今已一艦無存，無絲毫抵抗能力。

就在這德國已準備動武而沒個藉口之時，正好發生了「曹州教案」。這時中國的山東巡撫是李秉衡。李氏本於教案（一八九七年十一月一日）發生前一月已調升四川總督，遺職由張汝梅接替。不幸他官運欠佳，正辦交代而尚未離任時，曹州就出了事。李氏自知大事不好，乃傾全力「破案」。十一月九日竟將曹州殺人犯全部緝獲，向德使請罪。但是這時德人已決定藉機強佔膠州灣，並囊括山東爲勢力範圍，請罪有啥用場呢？

德皇於十一月九日始得曹州教案之電訊，經三數日外交試探之後，德國遠東艦隊乃奉命於十一月十四日轟擊中國砲台，陸戰隊隨之登陸，佔領了膠州灣，並拘禁奉命不抵抗之中國駐軍總兵章高元，再向鄰近即墨等屬縣進襲，一時難民如潮，血流遍地，時局就不可收拾了。

於此同時，德國公使向北京總署，亦提出六項要求：

一、李秉衡革職永不敍用（李氏尚未到任的四川總督也就被革了）。

二、賠三座教堂建築費各六萬六千兩，教堂失物費三千兩。（這筆款子在那時是大得驚人的。）

三、鉅野等七縣建教士住屋，建費兩萬四千兩。

四、中國道歉，並保證永不再犯。

五、中德合資建全省鐵路，開發礦藏。

六、賠償德軍侵膠澳軍費約數百萬兩。

（引自摩爾斯著《大清帝國國際關係史》卷三，頁一〇七。）

此六條墨瀋未乾時，德使又補提若干條，在落實上述路礦要求之外，更提出租借青島及膠州灣九十九年之詳細條款。

這時清廷在毫無抵抗能力的情況之下，焦頭爛額，在君臣對泣一番之後，也就全部承認了。經四月之磋商，這項〈膠州灣租借條約〉就在翌年三月六日（陰曆二月十四日），正式簽字了。今日我們仍然很欣賞的「青島啤酒」，也就是那時德國商人在青島開始釀造的。

「不可戰而戰」與「可戰而不戰」

那時的所謂「教案」是什麼回事？而列強利用教案爲藉口，以侵蝕中國領土主權，又是什麼回事？筆者已不厭其詳，縷述如上。這些都是歷史上扳搖不動的事實。我不相信任何中外史家可以否認的。若說「教案」完全起於中國老百姓的排外行爲，這分明與事實不符。若說帝國主義在中國並不存在，那就更是強詞奪理的胡說。上述膠澳租借史，你說不是歐洲帝國主義的侵華行爲的標準記錄？

當然，國必自伐而後人伐之。歐美帝國主義爲什麼不侵日本呢？胡適老師說得好，帝國主義爲何不侵「五鬼不入」之國呢？帝國主義之侵我，也是我們自己窩囊的結果嘛！哪能專怪人家呢？但是我們爲什麼要如此窩囊呢？如今民運人士怪共產黨；共產黨怪國民黨；國民黨怪洪憲皇帝和慈禧老太后；老太后又轉怪洋人。

其實什麼都不是。我國近百餘年的動亂，是一種歷史上社會「轉型」的現象。文化不論中西，都是要從落後的「中古型態」，轉入「現代型態」。西洋文明從「文藝復興」（一三〇〇）開始，已「轉」了六百年。我們從「鴉片戰爭」（一八三九～一八四二）開始，至今才一百五十年，按理我們還應該有一段苦日子好過呢！分階段「轉型」是慢慢來的，急不得也。筆者於「轉型」之說，謬論已多，這兒就不再嚕嚇了。

總之在戊戌和庚子那個階段，自曾左李張（之洞）而下的漢族士大夫和器重他們的皇帝爺——義和團同志們尊之爲「一龍二虎」者，他們吃一塹、長一智，知道洋大人是碰不得的。他們知道「外事棘手」、「教案難辦」，不可輕率從事。

記得「九一八」時代，筆者當小學生時，曾讀過陳布雷先生的大著〈國民政府告學生書〉，曰：「……可戰而不戰，以亡其國，政府之罪也。不可戰而戰，以亡其國，亦政府之罪也……。」其實這也是九一八前三十年中國士大夫的心境。可是這種士大夫情懷就不是當時工農兵——李逵、武松、花和尚和濟公法師一流人的想法了。

在這批英雄好漢、江湖豪傑眼光裡，他們所見到的只是洋人的橫蠻，教民的仗勢和政府的畏葸。尤其是德軍佔領膠澳，向內陸進襲之時，官軍狗走雞飛，總兵（今師長）

被俘，在如潮的難民，兒啼女叫聲中，那群受到洋教士保護之下的教民，尤其是「吃教的教民」，自然無逃難的必要。道左傍觀，可能且有倖免和得意之色，不肖者更可趁火打劫，助紂爲虐，爲虎作倀。——相形之下，不但強弱分明，甚至忠奸立辨。

這樣一來，不但民教雙方陣線分明，地方各種教門、拳會、會黨，也會認爲政府過分孱弱——「可戰而不戰，以亡其國」，則江湖豪傑，乃至當地武生仕紳，也都要揭竿而起，以保鄉衛國、仇洋滅教爲己任了。

山東本是民風強悍的地方，如今人民既同仇敵愾若此，則一向對人民只知誅戮鎮壓而畏洋讓教的滿清地方官，對他們的傳統政策，也就有重行考慮之必要了。

「農民起義」的另一面

我們要知道，在滿清末年的中國政府裡和社會上的動亂，基本上是與秦漢隋唐宋元明諸朝代的末年是大同小異的。這時的國家機器徹底鏽爛。政府紀綱、社會秩序，同時解體。人禍天災（天災往往是人禍的延續），一時俱來。衣食不足，安知禮義。公私道德，也徹底崩潰。人心惶惶，莫知所適；邪教邪門、惡僧妖道，也就乘虛而入。飢民索食，難免打家劫舍，爲盜爲匪。強梁狡黠者以及劣紳土豪，就更要結團結練（練亦爲捻，便是捻軍的起源），鬥爭稱霸。強凌弱、大吃小，逐漸形成大小軍閥，來糜爛一方。一般良民百姓，不論從善從惡，但求自保，亦勢必捲入洪流，不能倖免。這種盜賊橫行，飢民遍野的社會情況，在我們安徽淮軍發源地的江北淮南，俚語便叫做「遍地黃花開」。這種遍地黃花中，如能突出個中心力量來加以統率，頭目分等、旗號劃一，他們就變成所謂「農民起義」了，「捻軍」就是這樣起來的。

這一自然形成的中心力量，如爲張角、黃巢、李自成、張獻忠所領導，他們就要橫行天下、赤地千里，作歷史上有名的「流寇」。這種中心力量如爲朱元璋、洪秀全、毛澤東所領導，他們就可以重建國家機器來改朝換代了。

但是對這種農民起義，一個衰世朝廷，如剿撫有術，他們也未必就造反到底。國有大故，他們往往也可受撫立功；外禦強寇，內除反側。這一事例在漢末唐初兩宋乃至民國時代都屢見不鮮。當年東北的「鬍子」、抗戰初期淮河流域的「馬虎」（紅槍會）都是入侵敵軍所敬畏的愛國游擊隊。後者且爲筆者所親見親聞。但是他們只能做做「敵停我擾」的輔助力量。招撫不得其當，他們就抗敵不足而擾民有餘了。抗戰期間的「八路軍」就最善於利用他們來擴充自己。庚子年間那些糊塗的滿族統治者，竟然想利用他們作「扶清滅洋」的主力，終於失去控制，闖下了滔天大禍，如此而已。沒啥深文大義也。

當年的「義和拳」，今日的「氣功師」

在庚子（一九○○）之前在直隸（今河北）山東一帶，農民運動的中心力量顯然是「義和拳」。義和拳本是有數百年以上歷史的「拳術」。我國拳術本有內外兩派，所謂「內練一口氣，外練筋骨皮」。義和拳亦名義合拳，可能是內外兼修的。內外兼修的拳術往往能練出一些科學上不能解釋的「特異功能」來。

朋友，這種特異功能是實有其事啊！如今不特大科學家錢學森篤信不疑，連不才也不得不信，因為我曾親自參加過中國氣功大師嚴新的「帶功講座」。親眼所見，哪能是假呢？最近僑美鄰人之妻，一位五十開外的華裔老太太，就因為練氣功的「自發功」而不能「收功」，一下「飛」出了兩丈多遠而摔斷了膀子呢！至於「鐵桿壓喉」、「卡車輾腹」、「頭斷石碑」等等現在也都不是新聞了，也都是筆者所親見。庚子年間的洋人亦屢有類似的報導。義和拳早期的大師兄本明和尚，據說就是「渾身氣功、能避槍砲」。

不過他們那時表演氣功要設壇燒香、畫符唸咒，然後才有「鬼神附身」。嚴新的氣功不搞那一套迷信也照樣有效，所以錢學森教授就認爲是一種新科學了。

義和拳那一套事實也就是一種「氣功」。中國古代自春秋戰國以降，對氣功的記載是史不絕書的。《史記》所記「大陰人」，以陰格桐輪；台北今日還不是有一家以「陰吊百斤」爲號召而生意興隆？據吾友劉紹唐先生他們說，這都是千眞萬確之事呢！

所以氣功之爲術，在我國有兩千年以上的歷史。半世紀來余讀「義和拳源流論」，不下數十篇，大半都是浪費精力的以偏概全之作也。

嚴新說他在大陸某次帶功講座，一場便有聽衆十九萬人。最近他在洛杉磯某大學講道，美西七座大學校園「同時帶功」！華夷學生捨學相從者，多如過江之鯽。

最近在聯合國一次表演會上，余亦獲晤另一氣功大師「鶴翔樁創始人」的趙金香先生。他說：「嚴新有『聽衆』數十萬人，我有一千四百萬學生呢！」

乖乖，有學生一千四百萬人，則「扶清滅洋」、「興無滅資」……何事不可爲？

據大陸學人告訴我，這批氣功大師原都是中南海內的御醫紅人。他們爲諸當國者保健防老、壯陽補腎，都受盡青睞。不幸他們在民間的信徒亦動輒百萬千萬。萬一這些千萬信徒也搞起黃巾軍、白蓮教和天安門來，那還了得？有老佛爺當年的惡例在，所以當政者對諸大師也就由疏遠而到防範了。因此有很多大師小師，一旦出國便流連海外，樂不思蜀矣。

「毓」字帥旗下的「義和團」

朋友，今日的氣功師便是當年的義和拳啊！今日的統治者被民運嚇慘了，因此對保健補腎的氣功運動也要加以防範。當年的滿洲貴族被洋人欺夠了，乃想組織他們來驅洋除教。這樣便出了個巡撫毓賢。他要把他們的「義和拳」改名爲「義和團」。打起「毓」字大旗，由官方認可爲保家衛鄉的正式「民團」。然後又把全省良莠不齊的牛鬼蛇神——什麼大刀會、紅燈照、八卦教（尤其是有較多群衆的「乾卦」、「離卦」兩派）、紅槍會等凡數十種，義而和之成爲一單一團體，由他來統一指揮，聯合「滅洋」。官方既有此輔助和認可的政策，則風行草偃，「義和團運動」立刻就如火之燎原，一發不可收拾了。

毓賢原是一個漢裔旗人（漢軍旗），秀才出身。捐官在山東，於光緒十五年（一八八九）署理曹州知府。毓賢本是個很幹練而狠毒的屠夫。他上任不及三月便殺掉一千五百人。殺得那強盜如毛的曹州府（也像今天的紐約市吧），「民懷吏畏」，秩序大定。因此毓賢也頗有能吏之名而為上級所嘉許，以致官運亨通。當一八九七年冬曹州教案發生時，他已官拜山東按察使，為全省最高執法官吏，俗稱臬台。所以在巡撫李秉衡為怕洋人藉口生事而嚴令徹查此案時，毓賢在數天之內便把這案子破了。他破案之時，德國政府還不知教案發生呢！亦可見毓賢的幹練了。

但是毓賢雖然殺人如麻、草菅民命，他畢竟是個洞察民情的親民之官。他知道這些教案的詳細內容。所以當德軍藉口入侵，山東全省鼎沸而北京朝廷又一再為洋人所迫，嚴令「剿匪」以安「教民」之時，毓賢和他的頂頭上司李秉衡與李的繼任人張汝梅，都有了心理矛盾。他們明知在「民教衝突」的兩造之間，「教方」（尤其是吃教者）仗入侵洋人之勢，並非皆是善類；而「民方」亦非打家劫舍的真正盜匪。如誣以盜匪之名妄加誅戮，非但有欠公允，尤恐激民成變，不可收拾——因為那時縱曹州一地即有「大刀會」衆十餘萬人。冠縣一縣的「義和拳」拳會群衆即有「十八團」;茌平縣治下有八百六十餘莊，習拳者即有八百餘處。對如此廣大的群衆，誣民爲匪，妄加誅戮，官逼民反，不得了也。因此縱是屠夫鷹犬的毓賢，面對此一實際情況，亦有「與教民爲難者即系良民」之嘆。（此「即系」二字是否爲「原係」二字之抄誤，尚有待另考。）

根據他們對實際情況的瞭解，李秉衡、張汝梅和毓賢三人都主張分淸善惡，剿撫兼施。當毓賢於一八九九年繼任山東巡撫時，他就公開宣告他的「民可用、團應撫、匪必剿」的三大原則，正式把「義和拳」、「大刀會」一類的民間結社頒予「毓」字大旗，改組成爲政府正式認可的「義和團」了。其實「大刀會」當時的聲勢亦不在「義和拳」之下。毓賢之所以捨大刀而取義和者，「義和團」較「大刀團」雅順多矣。毓賢雖喜歡大刀，但是他畢竟是個秀才嘛！

這一來「義和團」在中國歷史上也就褒貶難分了。

＊原載於台北《傳記文學》第六十一卷第五期

二、列強刺激・太后玩火・端王竊政・群運出軌

民可用，團應撫，匪必剿

發生在二十世紀的第一年，庚子、一九〇〇年的「義和團」之亂，從星星之火燒成燎原之勢，實在是與當時山東巡撫毓賢的三原則分不開的。前文已偶及之，毓賢的三原則是：「民可用，團應撫，匪必剿」。老實說這三個原則本沒有錯，錯的是他把抽象的原則化為具體的運用，不得其當，就要出毛病了。

就以「民可用」這一條來說吧！當年由於列強對中國所作的赤裸裸的侵略——尤其

德國人在山東，俄國人在東北的所作所爲——已激起中國全民的公憤。

德國人在山東以教案爲藉口強佔膠州灣，已無理已極，而德皇爲皇弟海因利盎親王(Admiral Prince Heinrich)率遠東艦隊遠征中國，在漢堡所作之送行訓辭，什麼"Should any one essay to detract from our just rights or to injure us ,then up and at him with your mailed fist"〔原文英譯載一八九七年十二月二十六日《倫敦觀察報》（*London Spectator*）〕。那時我方奔走交涉的大員之一的翁同龢，在其日記上譯爲「如中國阻撓我事，以老拳揮之」。德皇這一「揮拳」演說，那時是騰笑歐美的。世人固對德皇之橫蠻，嗤之以鼻，而對我華人之不爭氣，也是憐而鄙之。此事當時對我國我民之刺激，亦至深且痛。斯時在巴黎冷眼旁觀之法國史家柯利厄(Henri Cordier)，便認爲這種德國佬加於華民之刺激「縱非義和團興起的全部原因，也是主因之一」。（見柯著《中西關係史》，卷三，頁三六五。轉引自摩爾斯《大清帝國國際關係史》卷三，頁一一一。）

至於德軍當時在山東之橫行，更是筆難盡述。當地百姓如對若輩稍事抵抗，動輒全村被焚，老幼難逃。某次在魯東日照縣，爲一極小的民教衝突，在當地仕紳出面試行調解之時，五位在場仕紳竟被德軍強擄而去，送至青島拘留所，勒令執行極無理之要求。似此綁票勒贖之行爲，使在一旁觀察之美國外交官，亦爲之忿忿不平而報請華府留意。（見美國駐華公使康格致國務卿海約翰的報告書。載國務院「外交檔」，一八九九年四月十七日。）

俄國在中國東北所犯的罪惡，就更是罄竹難書了。一八九九年三月某日，俄人自旅順港違反條約，侵入中國境內徵收地稅。當地農民召集群眾大會並繕具申請書，請求免徵，態度極爲和平恭順，而俄軍竟突然對群眾開槍，當場便打死農民和老弱婦孺九十四人，傷一百二十三人。（據西文《北華捷報》記者的專欄報導。）

一九〇〇年七月十五日，當俄軍於黑龍江畔的海蘭泡（俄名「布拉戈維申斯克」）開始越境時，華軍稍事抵抗，俄軍便一舉將兩岸華民男女老幼六千人，悉數屠殺，棄屍江中，江爲之塞。此一屠殺，中國政府雖未敢深究，歐美媒體卻向莫斯科提出抗議，而沙皇政府竟聲言是邊遠駐軍擅殺，俄皇鞭長莫及，無能爲力，搪塞了事。〔見Arthur H. Smith著《震撼中之中國》（*China in Convulsion*），一九〇一年英國愛丁堡出版，第二冊，頁六〇七。〕其後俄人在「江東六十四屯」一帶和其他城市中的燒殺，據各方報導，死傷華人二十餘萬，本篇也就無法詳加敍述了。（見李文海等編《義和團運動史事要錄》，一九八六年濟南出版，頁二九七。）

以上所記只是根據西方官員和記者零星的報導，並非受害華人的誇大。當時如作有系統的調查研究，則入侵者之殘暴，就更是罄竹難書了。筆者不學，曾就清末民初各種中外衝突中，雙方的死傷數字略作比較，所得比率大概可說是一千比一。換言之，在中外衝突中洋人如有一人殞命，無辜華民就要以千命「相陪」（不是相賠）。如曹州教案中有德國傳教士二人被殺，德人藉口入侵時被殺之華人，加上中國官府在洋人要脅之下所殺戮之華民，以及民教衝突所造成的死傷，即不下數千人。——假如鬼神之說眞有可信，以數千枉死寃魂，在耶穌之側、上帝之前，與在曹州殉道的兩位神父的幽靈，同時出現，互控寃情，在此情況之下，上帝和耶穌又何擇何從呢？

不幸的是，在類似情況之下慘死的洋人往往都名揚天下，垂譽後世；但是陪他們一道喪命的數千名華人包括婦孺，那就死得蟲蟻之不如了。史達林說：「死一個人是件慘事；死一百萬人只是個統計數字。」在那庚子年間，死掉任何一個洋人，都是個驚天動地的「慘事」；死掉千萬個華民，甚至連「統計數字」也沒有一個。但是中國人究竟不是個麻木的民族。在那千萬家披麻戴孝的寡婦孤兒的哭聲裡，稍有良心的血性男兒，都會拔刀而起和敵人拚命的，這就叫做「民憤」。在全國人民都感到國亡無日，都要和入侵者捨命一拚，這就叫做「民氣」。這股民氣，筆者這一輩在「八年抗戰」的日子裡，都是親身捲入、親身體驗的。老實說，八年抗戰就是當年全國人民以血肉之軀與不可一世的入侵強寇，死命糾纏，拚過來的。

朋友，在那庚子年間，八國交侵的時候，全國同胞國亡無日的感覺，實數倍於抗戰前夕的一寇獨來，尤其是在情況最緊迫的山東和東北。所以該兩地區民氣最激昂，義和團也滋長得最快。毓賢這個好殺成性的地方官，他也深深地體驗到這種同仇敵愾的民憤，而感覺「民可用」。他覺得與其殺民媚洋，何如「用」民來除教滅洋呢？毓賢這一心態，事實上是與當時西后以下，那一批在戊戌以後突然掌權而又顢頇無知的滿人小貴族的心態，如出一轍。他們但知民氣可用，要「用」它來「扶清」。他們怎知甲午、戊戌之後的腐爛朝廷，已是個「扶」不起的阿斗？以它來「滅洋」，則洋又豈是氣功師徒「刀槍不入」所能「滅」掉的？

對民氣但知其有而不知其用，激起了民氣，又沒個安全塞可保安全，那就非爆炸不可了。義和團運動也就是近代中國，無數次鍋爐大爆炸中的一次。

只能造反，不能保皇

再者，毓賢究竟是個非科甲出身而習於殺人的莽漢。下棋不看第二步；為政不作三思，因此他的「團應撫、匪必剿」的原則，應用起來，也漏洞百出。

山東那時是處於王朝末季的黃巾、赤眉時代。飢民遍地、盜匪如毛、邪門盈野。毓賢最初的辦法是以殺止亂。但是他縱是個嗜殺的屠夫——他有一個月殺五百人，一任殺五千人的紀錄——也殺不勝殺。最後改殺為撫。他撫的辦法是化零為整、招匪入團（民團）。他縱容，甚或授意，乃至乾脆鼓勵和認可，並發下「毓」字大旗，由徒弟衆多、能呼風喚雨的大邪門，併吞那些只有低級氣功，組織能力欠缺，而良莠不齊的小邪門，劃一名號，整齊服色，統名之曰「義和團」，以示這些組織是由他巡撫衙門認可的私辦民團。

這種以大吃小、化零為整，組織並統一指揮起義農民的辦法，原不是毓賢所發明的——那是我們的國寶。試翻我國歷代農民起義的歷史，且看陳勝、吳廣、赤眉、黃巾、黃巢、朱元璋、張獻忠、李自成，洪、楊乃至我們親眼看見的紅軍、八路軍、新四軍的成長和擴大，都是一脈相承的。但是毓賢所搞的與上述情況有個基本上的不同。上述諸大家都是搞革命、造反，以「打天下」爲號召的。毓賢統一組織他們的目的卻是「招安」，爲大清王朝「保天下」。這樣就變成抱薪救火了。

第一，毓賢無法眞正把「義和團」化爲「民團」。農民起義的造反大軍，「裹脅」起來是愈大愈好；官辦民團的容量，那就有限了。再者造反打天下搞革命，是洩民憤、主正義的義士之行，士氣極高。保衛腐爛王朝，助紂爲虐，那就義士卻步，智者不爲了。所以義和團運動在山東始終未能步入正軌。它不是個正正堂堂的群衆愛國運動，而是以燒香唸咒，或間有「特異功能」的氣功師爲主導，終於走火入魔的工農兵運動。——它缺少個「偉大、光榮、正確」而成熟的革命黨從中指導和策畫，因此它搞起「扶清滅洋」、「燒教堂、殺教士」，就變成紅衛兵式的打砸搶，亂來一泡了。但是紅衛兵究竟還要聽命於一個老謀深算，也可說是老奸巨猾的「最高指示」；最後在軍警環伺之下，偃旗息鼓，去農村下放學習。義和團沒個最高指示，在軍警也都相率入團之後，連「老佛爺」也失去控制，使它眞的變成了「拳匪作亂」。發展至此，連老太后也只好丟掉「

盆底鞋」，梳上「粑粑頭」，化裝農婦，逃之夭夭。「拳匪造反」(boxer rebellion)就只有靠洋兵來「助剿」了。——「拳匪造反」原是李鴻章替慈禧推卸戰犯責任的外交辭令（見下篇）。

所以毓賢的「匪必剿」的原則也出了大毛病。他不知道「匪」是飢民的化身。飢民在被「剿」得走投無路之時，便入「團」受「撫」。受撫之後還是沒飯吃，那就繼續爲匪，終於良莠難分、團匪並存。加以毓巡撫對教民有成見，又沒有辨外事的經驗，不知洋人之可怕；而教民教士與洋公使又恃強欺人。民教衝突中，不論屁大小事，往往都要勞動位同總督巡撫的「主教」甚至更高的「公使」（在對華文書上自稱「本大臣」），來向中國朝廷和地方，加油加醋，甚或無中生有，抗議恐嚇。弄得中國官方不勝其煩。巡撫衙門僅爲教案一項便案卷如山（原檔至今仍滿筐滿簍），忙不開交。毓賢一怒乃乾脆告其屬下府縣官吏，把教民控告、教士抗議當成「耳邊風」，「當成廢紙」。（見李宏生著《毓賢與山東義和團》等多不勝載的第一、二手史料。）

但是毓賢並沒有忽視他自己標準中的「團」、「匪」之別。義和團中如有不良分子對教民殺人綁票，他也繩之以法，大量誅戮。事實上義和團在山東早期最有名的大師兄朱紅燈，和遍身氣功的本明和尚，就是因為枉殺教民、竊取財貨，被毓賢捕殺的。——有些後世史家對事實未加深究，竟把朱紅燈與本明之死劃在袁世凱帳上，實為誤入。然毓賢既有其「耳邊風」、「當廢紙」一類的指示，則搶匪多劫教民；下級官吏時予縱容，也是事實。這樣就要引起洋人嚴重的抗議了。果然在一八九九年冬季美國公使康格（Edwin H. Conger)乃向北京總理衙門連續抗議，要求中國政府把毓賢撤職。總理衙門不敢開罪康格，乃於是年十二月五日奏請太后把毓賢「開缺」，以工部右侍郎袁世凱署理山東巡撫，並率其新建陸軍一萬一千人入魯鎮撫。毓去袁來，義和團運動便進入一個新階段，從山東轉入直隸（今河北省）和京津地區了。

毓賢和袁世凱的正反兩面

毓賢原是慈禧的寵臣，他在山東的所作所為都是太后所嘉許的，如今受洋人脅迫去職，慈禧亦為之不平。所以毓賢奉旨回京覲見時，太后竟頒賞親書「福」字以為鼓勵，並隨即調任山西巡撫。毓賢既受此洋人鳥氣，又蒙太后賞識，他一到山西對除教滅洋真的就毫無顧忌，大幹起來了，甚至不惜親自操刀去砍掉洋人腦袋。可是這時在山東接任毓賢遺缺的袁世凱，其作風卻正是毓賢的反面。

袁世凱是一位比毓賢更爲老辣而幹練的官僚。甲午戰前他在朝鮮即有十年以上辦外事的經驗。如今雖手握重兵，他知道洋人還是得罪不得的。爲著傳教等等皮毛小事而開罪洋人，更是得不償失，亦無此必要。再者義和拳民也不只是反教鬧教了事，他們是逢洋必反的短視群衆。袁氏所統率的「新建陸軍」是當時中國唯一的一支現代化的武裝部隊，在時人的眼光裡也是一支洋部隊——穿洋服、上洋操、吹洋號、用洋槍、抽洋菸、用洋油、點洋燈……無一不洋。如今扶清學洋之不暇，怎能逢洋必滅呢？可是那時山東省內的工農兵群衆在洋人和教民的刺激之下，和李秉衡、張汝梅、毓賢三位巡撫的暗地鼓勵之中，不但反對築鐵路、開煤礦、辦學堂、開報館，並且要砸海關、拔電桿、封郵局……。所以袁世凱一來就要扭轉這項落後反動的群衆行爲了。袁氏尤其認爲義和拳民的畫符唸咒、刀槍不入的迷信是邪教惑衆，斷難扶清滅洋。因此他對「義和拳匪」就主張全面鎮壓。這時在他軍中以候補知府銜實任「營官」的胞兄袁世敦，其剿滅「拳匪」的意志似比乃弟更爲積極。所以在他兄弟於一八九九年冬領兵入魯時，世敦啣老弟之命，對義和團民大開殺戒，認眞剿辦。其後不久，山東的義和團就被袁世凱肅清了。

慈禧太后也有個四人幫

可是袁氏兄弟在山東的行爲卻有反於當時北京城內的政治氣候。——這時滿清朝廷的最高決策權是掌握在西后包庇之下的一小撮滿族王公貴人之手。尤其是皇族近支和宗室的「載」字輩四兄弟：載濂、載漪、載瀾、載勛和他們的近親密友們更是這權力圈的重心所在。他們依附於那權力無邊的西太后裙帶之上，把持了朝政。以最無知的頭腦，最下流的手段，爲著最自私的目的，利用一個最樂於暴動的社會基層的群衆組織「義和團」來「扶清滅洋」，奪取政權。他們這一記奪權行爲，簡直與六十六年之後再度發生於北京，由毛澤東和「林四」所搞起的一小撮無產階級小貴族，要利用愛好打砸搶的「紅衛兵」來「興無滅資」、奪權專政，眞是前輝後映，歷史重演，如出一轍。

載濂、載漪、載瀾三兄弟原是惇親王奕誴的兒子。奕誴是道光皇帝的第五子，比他異母兄咸豐皇帝奕詝只小六天。一八八九年奕誴死後，載濂襲爵爲惇郡王；而載漪由於過繼給一位早死無後的叔叔瑞親王奕誌，也於一八九四年慈禧六十壽誕時襲爵成爲「瑞郡王」。不意「瑞」字被書胥在聖旨上誤寫爲「端」字，將錯就錯，他就變成庚子年間權傾一時的「端王」了。

〔附註〕載漪承繼的瑞王是奕誌還是奕志，《清史稿》和英文《清代名人傳》有不同記載，容續考之。

端王的權勢還不止於承襲爸爸和叔叔，他還另有西太后的「裙帶關係」，並兼任禁衛軍虎神營的總兵（師長）——他老婆是西太后弟弟桂祥的女兒，所以她也就是光緒皇帝載湉的姑表妹。——光緒是西太后的妹妹所生。因此在戊戌政變之後，西后想把光緒「廢」掉，再「立」一個新皇帝時，她最後就選中近親內姪女的兒子，也是載漪的兒子溥儁，時年九歲。溥儁終被册封為「大阿哥」（詳見下節）。作為大阿哥的爸爸，則端王載漪的權力，就更上層樓了。

據說為著增強載漪為首的載字輩四兄弟的權力，老太后竟頒賜「尙方寶劍」一把，交載濂、載漪二兄弟執掌。使他二人在朝中有「先斬後奏」的專殺之權。——這一「尙方寶劍」的故事，當時曾傳遍海內外。英文《字林西報》（一八九八年十月三十一日）亦有繪影繪聲的記載。但其實情如何，筆者因未能細查清宮祕檔，只好暫時存疑，以待高明補正。

以上是四人幫中老大老二的故事。老三載瀾那時也官拜「輔國公」。在那「公侯伯子男」五等勳爵裡，功高不賞的曾國藩不過封「侯」；李鴻章生前只是個「伯爵」；劉銘傳只是個「一等男」，都已顯貴非凡。四人幫身為「王」、「公」，其權力地位，豈在話下？何況他們又手握兵權，於拳民入京時載瀾亦出任禁軍的右翼總兵。

至於載勛，他雖非皇族「近支」，卻是一個尊貴無比世襲罔替的「莊親王」。莊親王是清初康熙年間八大近支勳臣，世襲罔替的親王之一。這時的載勛已是第九代的莊親王。他的門第在北京城內已烜赫了兩百餘年。載勛此刻則總統禁軍，掌握了步兵衙門，與上述他的三位族兄弟沆瀣一氣，硬是權傾朝野。

總的說來，這批載字輩的親貴子弟，都是一批嬌生慣養、志大氣粗、教育低劣、不諳世情，並無軍政經驗的紈袴子。這種貴族紈袴子那時在北京是隨處皆有的。他們這小小的四人幫不過是冰山之一角而已。但是他們卻是圍繞在太后四周，所形成的一個挾天子令諸侯的權力核心。他們不但是決策人物，同時也是政策的執行者——是現職軍官、大臣和參預實際外交的官吏。為瞭解他們在政府中所發生的作用，且讓我把當時滿清政府的權力結構，擇要表解一番：

拳亂時期清政府的權力結構

一、極權巔峰的「兩宮」

慈禧皇太后

光緒皇帝載湉

※按清制皇帝應擁有最高權力。然此時光緒帝的命運實與後來生活在幽禁中的「張少帥」不相上下；而太后之權則超過有最高決策權和最後否決權的「毛主席」。

二、朝廷最高決策機構的「軍機處」和「軍機大臣」

禮親王世鐸（溫和而無太多主見的滿洲老貴族）

榮祿（戊戌政變時最保守的官僚派的領袖；庚子拳變時卻為開明派幕後首領的滿族強人）

剛毅（幹練而不通時務的保守派，力主重用義和團的滿族老官僚）

王文韶（十分衰邁而比較通達的漢族大學士）

啓秀（幹練而不通時務外情的滿族寵臣）

趙舒翹（不通時務外情，保守派的漢族老官僚）

端郡王載漪（西后最寵信的滿族親貴，「大阿哥」之父，縱在西狩途中，仍被擢升的保守派領袖）

鹿傳霖（沒太多主見的漢族大臣）

※參見《清史稿・軍機大臣年表》與〈列傳〉。

三、畿輔與北洋軍權所在地

◎京畿戍衛系統（禁衛軍）：

步兵營統領莊親王載勛兼任（掌京師九門管鑰，統帥八旗步兵，肅靖京邑，總兵佐之）

虎神營總兵端郡王載漪兼任（掌轄本營官兵以備扈從，車駕蒐狩列前驅）

神機營總兵輔國公載瀾兼任（職掌同上）

◎北洋國防軍系統：

武衛五軍總節制軍機大臣榮祿

武衛中軍總統榮祿兼（德式訓練的精銳部隊，駐京師南郊）

武衛前軍聶士成（日式精銳，駐天津）

武衛後軍董福祥（原舊式甘肅地方軍改編，駐北京城內）

武衛左軍宋慶（原舊式毅軍改編，駐山海關一帶）

武衛右軍袁世凱（德式新軍駐小站，後入魯）

※參見英文《清代名人傳》、《清史・兵志》、《義和團檔案史料・正續編》、英文《字林西報》及各將領本傳。

四、總攬外交系統行政大權的「總理各國通商事務衙門」（簡稱「總理衙門」或「總署」）和「事務大臣」

端郡王載漪（一九〇〇年六月十日出任總管大臣）

慶親王奕劻（與榮祿爭權而粗通外情的滿族元老）

啓秀（見軍機處表，六月十日隨端王入總署）
溥興（滿族宗室，隨端王來總署，不通外情）
那桐（原官諸部侍郎，隨端王入總署，滿族，不通外情）
桂春（三品京堂總署行走，滿族）
裕庚（原太僕寺少卿，滿族）
崇禮（官協辦大學士，滿族）
廖壽恆（原禮部侍郎，軍機處行走，漢族備位大臣）
趙舒翹（見上節軍機處表）
吳廷芬（官戶部右侍郎，漢族）
聯元（內閣學士，滿族，奏保皇帝，被殺）
袁昶（光祿寺卿，漢族，反宣戰，主剿義和團，被殺）
徐用儀（兵部尚書，漢族，反戰，主剿，被殺）
許景澄（原駐俄德等國公使，反戰，主剿，被殺）
※參閱郭廷以著《近代中國史事日誌》附表，暨《清史》諸臣本傳。

五、南北洋大臣暨南北主要督撫將軍

直隸總督北洋大臣裕祿（滿族，親貴出身，少年得志，晚年觀望承旨，對義和團先主剿，後主撫，兵敗自殺）

山西巡撫毓賢（旗籍，撫團，滅洋，仇教，不通外情，兵敗伏誅）

陝西巡撫端方（滿族，西狩期間，護駕有功）

黑龍江將軍壽山（滿族，抗俄兵敗自戮）

盛京將軍增祺（滿族，駐奉天，即今瀋陽，曾招安張作霖）

山東巡撫袁世凱（漢族，力剿義和團，驅拳民自魯入直）

兩江總督南洋大臣劉坤一（漢族，駐南京，力主剿滅義和團，反宣戰，與列強簽約，東南互保）

湖廣總督張之洞（漢族，駐武昌，剿團，反戰，東南互保）

兩廣總督李鴻章（漢族，駐廣州，力主先安內，後議和）

閩浙總督許應騤（漢族，駐福州，主東南互保）

安徽巡撫王之春（漢族，駐安慶，主東南互保）
浙江巡撫余聯沅（署理，漢族，駐杭州，主東南互保）
江蘇巡撫松壽（滿族，駐蘇州，隨劉坤一主東南互保）
※參閱《清史·疆臣表》及〈列傳〉。

志在奪權的四人幫，另有暗盤的老太后

讀者如稍一瀏覽上列五表，立刻便可看出庚子年間清朝政治的特點所在：第一便是那時中央地方、保守開明、北滿南漢，分治而不對立的政治形勢。中央最高的決策與否決大權獨操於慈禧一人之手。她在朝中所掌握的生殺之權，遠超過後來的蔣中正和毛澤東。但是當時在她手掌中的光緒皇帝，其命運雖不如張少帥，但是他這個政治幽靈卻爲在康梁影響之下的海外華僑、位高權重的南方漢族疆臣，和輦轂之下各國駐華公使同情甚或崇拜的對象。所以戊戌以後的光緒是慈禧的背上之芒、眼中之刺。她不把這個兒皇帝廢掉，她是食不甘味、睡不安枕的。因此「他（指光緒）要謀害我」這句話，在戊戌之後簡直變成她的口頭禪，而這個恐怖感也使她害了心理上的

「偏執狂」(paranoia)。所以她那時在政治上的第一要務便是「廢立問題」。

清制只有皇太后可以「聽政」，而太皇太后則無此特權。所以她第一個廢立的對象原是以慶親王十四歲的長子載振來代替三十歲的光緒皇帝載湉。此一試探消息一出，不但劉坤一等漢族督撫反對，滿族軍機大臣榮祿亦表示異議（慶王是榮的政敵），連慶王父子本人也不願伺候，而最重要的則是英國公使也公開表示不支持，終使此陰謀泡湯。

再經過一年的準備，西后退而求其次，就不搞廢立了。她選中了端郡王載漪的兒子溥儁，於光緒二十六年十二月二十四日（一九〇〇年一月二十四日）册封爲「大阿哥」（皇太子），以承繼穆宗皇帝（同治）。如各方阻力不大，她顯然還是要把光緒廢掉的。這一次她果然獲得滿族親貴（包括榮祿）的一致支持，漢族之中除上海少數紳商（如電報局總辦經元善）之外，各疆臣亦多沉默。但是美中不足的，則是如此「册封皇太子」的大事，各國駐華公使卻拒不入賀。西太后此時最怕的不是康梁領導的海外華僑或漢族督撫，當然更不是革命黨領袖孫文。她所最怕的卻是列強的駐華公使。她認爲只有他們才眞有此力量來強迫她「歸政」；強迫她「退休」；乃至搞陰謀詭計，暗助光緒搞「苦撻打」（像譚嗣同所策畫的），把她幽禁，甚或把她砍頭。

在這一「偏執」心理的支配之下，老太后日有所思，夜有所夢的，便是如何解除這項最可怕的洋人（尤其是列強駐華公使），對她所構成的威脅。同樣的心理狀態，也促使她的行爲走向另一極端（恕我試以行爲科學來解釋歷史）——她開始相信只有與她有血緣近親關係的小圈圈，對她最爲忠誠。只有生活在這一小圈圈之內，她才有安全感；她每晚才能睡得著覺，不致發生夢魘。

朋友，你說葉赫那拉老太太生了精神病了嗎？非也。那是所有孤單的獨裁者所共享的精神狀態！不信，你去分析一下蔣中正、毛澤東、金日成，甚至李光耀、李登輝諸領袖的「行爲」，你就知道科學論證之不我欺也。至於理論所自出的西方領袖們大同小異的行爲，就不必說了。

晚年的慈禧就是掉入這個心理學上的陷阱而不能自拔。她不但對所有的洋人顯得paranoia，她連替她老人家做了一輩子，最最忠實的鷹犬的李鴻章和榮祿都不信任了。她把李鴻章下放到廣州去「署理」兩廣總督；在北京，她也另外扶植一個小親貴組織的四人幫來奪榮祿的權；把榮祿擠得靠邊站。同時她對榮祿所掌握的精銳部隊「武衛中軍」也不信任，而把榮祿也掌握不了的雜牌軍——董福祥的「甘軍」調入京城，來和載勛、載漪、載瀾所統率的「禁衛軍」，協同保衛畿輔，並以牽制榮祿的嫡系部隊。必要時老太太自己也可直接指揮各軍，來搞一番扶清滅洋。

至於載字輩四人幫的迅速崛起自然更是老太后的傑作。不用說職司京師衛戍的數萬八旗軍都掌握在他們手裡——據英文《字林西報》所獲自曾侯（曾紀澤，文正公之子）府內的消息，當時載漪所直接指揮的虎神營即有槍兵一萬人。屬慶親王奕劻指揮的則有五萬人之多。慶王是當時衆所周知的榮祿的政敵。他所節制的武力可能包括載勛的九門提督和甘軍全部。連專掌財權的剛毅也可掌握有一萬二千名槍兵。（見該報一九〇〇年五月十六日專欄。）

這項衛戍系統在國民黨時代屬於首都衛戍司令。在毛澤東時代那就是「八三四一部隊」了。誰掌握了這項武力，誰在首都就有生殺之權。所以西后和她的四人幫，後來在一怒之下便可把出言忤旨的五大臣，牽往菜市斬首。德國公使克林德也是在街上被載漪的虎神營章京恩海打死的（詳見下篇）。至於在莊王府前廣場被砍頭的千百個「教民」和「白蓮教」（包括婦孺），那就不必談了。

既有軍權，槍桿就可出政權。從暗到明，挾天子以令諸侯，最高決策機關的軍機處也一直掌握在他們手裡——原先最有權力的軍機大臣榮祿，一直在「病假」之中，居家養晦。（見〈榮祿致四川總督奎俊書〉，《要錄》有節錄，頁一三。）

一九〇〇年（庚子）六月十日，端王載漪並被派入「總理衙門」爲總管事務大臣，連慶親王也得靠邊站。（見一九〇〇年六月十日〈上諭〉，載《史料續編》上，頁五九六。）

軍、政、財務、外交大權都集中到以西后爲首的一小撮滿族親貴之手，剩下的如何掌握「義和團」運動這個政策，別人就更無法置喙了。

「義和團」與「紅衛兵」後映前輝

大體說來西太后之扶植「義和團」與六十年後毛主席之玩弄「紅衛兵」，簡直是後映前輝，一模一樣的。他二人自以爲掌握了兵權政權，對一個民間的群衆運動就可發可收，終於親貴驕縱、大權旁落、一發難收，最後鬧到天翻地覆、全民遭殃的結果也沒有兩樣！

慈禧太后是統治大清帝國至四十八年之久的女主。在過去兩千年的中華帝國的歷史裡，除掉她本朝的康熙、乾隆和西漢的武帝之外，也沒個男主比她統治得更長。所以她深通統治的藝術。她在中央政府裡所表現的那一套縱橫捭闔的本領，可能還在後來的蔣、毛二公之上，她統治大陸的時間，也是蔣、毛二公的總和。但是她有個缺點也和蔣、毛二公一樣——她不懂外交；內交內行，外交外行。這不能怪她，因爲她所主持的中央政府，也是中國有史以來第一個有「外交部」的中央政府。早期叫「總理各國事務衙門」，是英法聯軍燒掉圓明園（一八六〇）以後才建立的。辛丑條約（一九〇一）以後改稱「外務部」，在洋人脅迫下成爲「內閣第一部」。這個第一部的榮銜一直到國民政府成立，才讓位給「內政部」（清朝叫「吏部」）。

我們這位女家長早年把《三國演義》背得爛熟——可能都是習自京戲的劇目。據說當年多爾袞入關時，他的政治學教科書也是一部「淸文」翻譯的《三國演義》。但是在《三國演義》裡學不到十九世紀的國際外交。所以慈禧對早期外交的決策全靠她的小叔子恭親王奕訢；晚期則靠北洋大臣李鴻章。——奕訢和李鴻章二人都是外交界的行伍出身，但他二人都不失爲十九世紀國際間第一流的外交家。奕訢於一八九八年老死之後，鴻章就變成西后在外交上的第一位謀主。在庚子年初拳亂剛起之時，老太后千不該萬不該，不該聽信親貴讒言把鴻章下放到廣州去。

李鴻章者，慈禧太后之周恩來也。在此緊要關頭把周恩來下放到廣州去當「省委書記」，北京的軍政外交大權落入「林四」（林彪和四人幫）之手了。西太后的「林四」（剛毅和載漪四兄弟）有權而無知，荒唐而暴虐的程度，也不在毛主席的「林四」之下。她的「義和團」燒殺搶的本領和毛氏的「紅衛兵」文攻武衛的行爲也兩模一樣。——一言以蔽之，慈禧以極高明的政治手法來「安內」；卻以最愚蠢的外交頭腦來「攘外」。她不但對國際局勢懵然無知，她甚至連最起碼的訊息也無法掌握。最後竟然被一記假情報驚破了膽（見下篇），連下十二道金牌到廣州去找他的周恩來，而周又遲遲不歸。老太婆在歇斯底里的心理狀態之下，以王婆罵雞的村婦放潑行爲，夥同四人幫，放縱義和團來和洋人一拚……要懸賞殺盡中國境內所有的洋人，並對十一國同時宣戰……如此胡來，她老人家最後還能全屍遷入紀念堂，也算是「命大」了。此是後話。

現在再看看她的四人幫如何亂政，她的紅衛兵是怎樣蔓延的。

太后陽剿陰撫，總督後撫先剿

前節已言之，義和團是被袁世凱趕到直隷（今河北省）去的。在義和團北上蔓延之初，西后對處理拳民的政策原是舉棋不定的。她一面聽信毓賢的「民可用、團應撫」的忠告，想利用拳民來驅逐洋人；另一面她又心虛怕洋人干涉，不敢公開庇護拳民，因此朝廷政策就弄成個陽剿陰撫的局面。在一連串的上諭裡，朝廷都不斷告誡疆臣說拳會有「良莠之分」。對「不逞之徒」固應剿辦，但是對一般「安分良民或習技藝以自衛身家，或聯村衆以互保閭里，是乃守望相助之義」。所以官方剿匪，只能問其「爲匪與否，肇釁與否，不論其會不會、教不教也。」（見一九〇〇年一月十一日，光緒二十五年陰曆十二月十一日〈上諭〉，載《義和團檔案史料》上册，頁五六。）這一來，朝廷便公開表示民間組團是合法的了。

但是在一九〇〇年六月之前，那兩位首當其衝的地方官：山東巡撫袁世凱和直隷總督裕祿，都是一意主剿的。二人之中以袁世凱尤爲堅決。朝廷當權派對袁不敢輕動。爲著殺雞儆猴，乃把世凱之兄袁世敦加個「縱勇擾民」的罪名革職，並驅逐回籍。

但是袁世凱並沒有被朝廷嚇阻。他抗疏力辯說拳會「每於數百里外劫取財物，不得謂之爲保護身家。焚燬擄贖，抗官拒兵，不得謂之非作奸犯科。掠害平民、騷擾地方，不得謂之爲專仇洋教」。他認爲莠民習練邪術，不論是會是團，必釀鉅患。私團官練（如毓賢所條陳的辦法），斷不可行。所以他主張徹底剿辦。（見前書頁九五）

袁世凱有何膽量敢如此忤旨抗命？蓋義和團當時已鬧到十一國駐華公使聯合抗議的程度。死掉兩個德國傳教士已弄到膠澳不保，舉國惶惶。一八九九年除夕，又有一個英國傳教士卜克斯（Rev. S. M. Brooks)在山東爲拳民所殺，豈不是火上加油？所以袁氏不敢怠慢，乃對義和團全面鎮壓。加以他手握重兵，將在外君命有所不受。最重要的還是他與力主剿匪的華南三督聲氣相通。他不受命，朝廷亦奈何他不得。當然在剿拳行動中，他也給予朝中當權派足夠的面子，說他所剿者均是盜匪冒充的「僞義和團」，非眞正愛國反教的「眞義和團」也。

在袁的督飭之下，他的部將張勳、曹錕等則日以誅戮爲能事。張勳那位在民國初年曾擁溥儀復辟的「辮帥」，即有在一日之內殺掉「黃巾紅兜」的「拳匪」五百餘人而受袁巡撫重賞的紀錄。（見〈陽信縣令稟〉，載《山東義和團案卷》，北京社會科學院編輯，濟南齊魯書社一九八〇年出版，下册，頁六五九～六六一。）

山東的義和團是被袁世凱趕盡殺絕了。可是拳衆北竄進入直隸，直隸總督裕祿卻慌了手腳。裕祿原與袁氏約好對「拳匪」南北夾擊的。庚子春初他的確也曾命令駐津聶士成的「前軍」出剿，殺掉不少「拳匪」。可是漸漸地他就看出朝中四人幫崛起、太后護團轉趨積極、他的老靠山榮祿已逐漸靠邊站，他的「剿匪」政策也就開始動搖了——由剿辦到縱容，到包庇，最後他就乾脆投靠了。既靠之後，他的總督衙門就變成義和團的招待站。兩位草莽出身的大師兄張德成、曹福田亦嘯聚徒衆三萬人，建起「天下第一壇」，祭起關公、周倉，諸葛孔明；燒香唸咒，表演刀槍不入。裕祿爲討好朝廷，竟撥餉銀二十萬兩（其後西太后亦加賞十萬兩），敦請衆師兄率團來津，扶清滅洋。張、曹二酋竟亦由裕祿保薦，掛一品銜，分乘一品高官的「綠呢大轎」，堂哉皇哉的直入節署，與直隸總督北洋大臣杯酒交歡，分庭抗禮。裕祿並打開軍械庫，一任此烏合之衆，自新式器械中自擇所喜。在張、曹二師兄祐護之下，天津市民亦沿街設壇，頭裹黃巾、腰繫紅帶，相率皈依。入夜家家均懸掛紅燈，奉迎仙姑下凡，誅教滅洋。燒教堂、殺教民、搜捕「二毛子」，攻打租界，一時俱來。

裕祿這一轉變乃導致山東拳民大量湧入直隸。東入天津、西據涿州、南佔保定。焚香唸咒、燒教堂殺洋鬼、毀鐵路拔電桿，乃至搞「均糧」、「吃大戶」，亂成一片。山東之團既來，直隸之團亦起。入團群衆除工農兵之外，紳商官吏亦均相率參加——其中尤以十來歲的青少年最爲積極。各州各縣、各村各鎭，均紛起組團，設壇練技。義和團小將們更是四處串連，「鬧教」、「打教」了。——這在後來的紅衛兵小將口中叫做「造反」、「鬧革命」！

義和團在保定和涿州蔓延

就在天津地區和保定涿州一帶已鬧成紅旗一片之時，那些住在北京使館區「東交民巷」（義和團後來把它改名爲「割雞巷」）之內和天津租界之中的被懸賞捉拿的「洋人」，當然也緊張起來。他們十一國之間的使領僑民和教士當然更是函電交馳。協商會議，調兵遣將，忙成一片。他們既要自保，也想渾水摸魚，則「八國聯軍」也就呼之欲出了。下篇再細論之。

在此混亂期間，身居「相位」的榮祿，雖在開刀養病（據說是足疾，由西醫開刀）

，當然對太后意旨、朝中空氣，更看得清楚。因此當義和團迅速向保定、涿州一帶蔓延，北京城內的響應者，亦正蠢蠢欲動之時，他也將原在各該地駐防的武衛中軍的主力，以保護鐵路爲名，一一調開，以免與拳民衝突。

當時的各路清軍（包括董福祥的「甘軍」），由於歷史性的對立，與職業性的嫉忌，他們與義和團、大刀會等教門都是勢不兩立的。如今防軍主力一撤，團教乃如雨後春筍，一時俱起。少數防軍剩餘部隊反而成爲他們追殺的對象了。五月二十四日武衛中軍的一位分統（旅長）楊福同率步騎兵百餘人往淶水縣一帶巡邏，義和團師兄滿立和尚乃率衆千人，設伏圍攻。福同逃避不及，竟被拳衆亂槍刺死，「臟腑皆出」。（見《史事要錄》頁一一〇，引抄本《聞見錄》及《畿南濟變紀略》。）於此亦可見當時拳民猖獗的情況了。

即在楊分統被殺的同時，另支拳民萬餘人則侵入保定。這時「盧漢鐵路」（自盧溝橋至漢口，亦即今日京廣鐵路的北段）正在施工。當地有外籍專家和傳教士暨家屬數十人。義和團一旦串連到此，官方不加阻遏，當地青少年乃群起響應。一時黃巾紅帶滿天飛，秩序大亂。這批洋專家和婦孺聞風落膽。中國地方官不願也無力保護，原遣護送兵丁又半途加入義和團，倒戈相向。他們走投無路，四散逃命。這群洋專家連家屬婦孺原有四十一人。最後逃入天津租界倖存者九人；輕重傷二十三人；餘九人則終無下落。據倖存者追憶，其逃難之慘狀，有不忍卒述者。（見《字林西報》一九〇〇年六月六日暨十三日專欄報導。）

官方對拳運既失去控制，拳民的群衆行爲也就越軌了。五月二十七日拳民三萬人乃衝入涿州府。知府衙門被霸佔之後，涿州知府龔蔭培守城無力、棄城不敢、殉城不甘，因而他想出個聰明辦法——絕食對抗。在那個專制時代，地方官守土有責。城池失守，不論陷敵陷匪，守土者都例當殉職。失土而不死節，其結果也是正法砍頭。如今朝廷政策既剿撫不明，殉城而死或正法而死都嫌寃枉。龔大人來他個半死不活，可死可活的絕食抗議，對朝廷、對拳匪，都不失爲裝蒜自保之道也。——做官搞政治，要有點鬼聰明囉！

涿州是當時京師的門戶。乾隆爺下江南時曾許爲「天下第一州」。上溯往古，它是「桃園三結義」的故鄉；下及民國，它也是傅作義將軍死守、張學良少帥猛攻的歷史名城。此時也是足與北京城共存亡的咽喉要塞。如今既被三萬黃巾所竊據。官軍旅長被殺；守土之官也在絕食待命。事實上他們現在都在向朝廷的當權派攤牌：你大清王朝對洋人，究竟要和要戰？對扶清滅洋的義民，究竟要剿要撫？總得有個抉擇，有個交代！朝廷年來的混沌水政策，總得有個句號！

和戰必須決定，剿撫不可再拖

其實事到如今，關於和戰、撫剿的抉擇，地方與中央，滿族與漢族之間，早已涇渭分明。南方的漢族督撫袁世凱、劉坤一、張之洞、李鴻章；朝中有嘴無權的漢族大臣兵部尚書徐用儀、光祿寺卿（主祭祀讌餉之官）袁昶、吏部侍郎（前駐俄德公使）許景澄——後三人均兼總理衙門事務大臣——皆堅決反戰主剿。後來此三大臣也均為主戰派所殺。

此時朝中滿族親貴（除榮祿稱病不願表態之外）在載字輩四人幫，尤其是端王載漪，和協辦大學士剛毅的領導之下，連八二高齡的大學士徐桐（漢軍旗）父子皆堅決主張撫團開戰。其中尤以少年親貴貝勒者流，呼囂撫團滅洋，已至瘋狂程度。

筆者此處所言漢滿、和戰之分，並不是說主戰派中無漢人。李秉衡、趙舒翹皆漢族大臣也。主和派中亦有滿人。主和被殺之五大臣中，內閣學士聯元即是進士出身的鑲紅（漢軍）旗人。在和戰爭論中，聯元堅持「民氣可用，匪氣不可用」。又說「甲午之役，一日本且不能勝，況八強國乎」？遂為端王所殺。另一主和派戶部尚書立山（蒙族），因在太后之前駁載漪「民可用」之論，說「拳民雖無他，然其術多不驗」，也以言禍被殺。（以上均見《清史》本傳）這些都是多數中無權的少數，其言行無足重輕也。

因此在涿州知府龔大人的絕食待命期間，對和戰兩策還在踟躕之間者，唯慈禧老太后一人而已。她個人的一念之間，立刻便可決定這架和戰天秤的輕重。

慈禧不是個笨人。在理智上，她未嘗沒有想到聯元的名言。一國且不能敵，況八國乎。事實上南華四督的電報，和被誅三臣生前的忠諫，說得都比聯元之言更徹底、更可怕。但是她畢竟是個知識有限的老女人。她怕洋的理性，始終敵不過她恨洋的感性。加以她始終對義和團的「刀槍不入」，存有幻想。在涿州被拳衆所據時她就派軍機大臣趙舒翹、順天府尹（今北京市長）何乃瑩與剛毅於六月初相繼去涿州視察，一探究竟。趙到底是個進士出身的高知，他與何市長因此都對衆師兄的帶功講座能否「滅洋」存疑。可是繼至的剛毅則對刀槍不入的氣功表演大為折服，認為是神術可用。（見《清史・剛毅傳》，及其他雜著。）

剛毅是太后的紅人，也曾是舒翹的恩人。趙氏回朝怎敢頂撞剛相。聰明的何市長自然更會順風駛舵。太后一旦對調查所得的結果如說「拳民忠貞、神術可用」，如予以「上等軍械，好為操演」，就可以化為勁旅，抗禦洋兵一類的報告，稍加默認色許，義和團運動就進入北京了。

慈禧太后的紅衛兵

北京城內發現義和團是庚子四月的事（非另有註，本篇都用陽曆）。但那是城內居民響應外界的組織。間亦有少數來自外府州縣入京串連者，然為數有限。城防軍警亦曾奉命嚴緝。可是自剛毅於六月中旬回朝覆命之後，京外州縣的義和團就大舉入京了。一般都認為團衆之來是朝廷導之。義和團本身也認為是「奉旨」入京「鬧教」的。因太后頒發獎金，他們要進京領獎！

義和團開始大舉進入北京的日期大致是一九〇〇年六月十日（陰曆五月十四日）。這個日期很不平凡。此日端郡王載漪也奉旨出任「管理總理各國事務衙門」大臣。他的死黨啓秀、溥興、那桐也同時受委（見是日〈上諭〉，載《義和團檔案史料續編》上冊，頁五九六）這就說明了四人幫奪權已完全佔領了大清帝國的外交部。主和派在外交政策上，已無轉圜餘地（詳見下篇）。

第二，駐天津各國領事和海軍將領也組織一支擁有二千零六十六人的「聯軍」——這是後來「八國聯軍」的先頭部隊，由英國海軍陸戰隊隊長西摩（Admiral Sir Edward H. Seymour，或譯薛慕爾）率領，也在這天自天津乘火車開往北京，聲言加強東交民巷的防衛，保護十一國公使。他們車行至楊村，由於鐵路爲義和團所破壞，進退不得，乃被奉命前往阻遏的聶士成軍，連同當地團民所包圍。這是中外武裝接觸的第一次。這一衝突不論何方勝敗，皆無退路可走。清兵若敗，則聯軍便長驅直入北京，就不得了也；洋兵若敗，則援軍必至，就更不得了也。事實上最後便是這個更不得了的結局（見摩爾斯前書，卷三，頁二一三～二一四），下篇再慢慢交代。在北京方面，四郊的義和團，便是在這一天大隊湧入北京的。

義和團好漢是何等樣人？我們不妨佇立街頭，看看熱鬧。《庚子紀事》的作者仲芳氏有一段生動的描述。抄與讀者共賞如下：

……團民自外來者，一日數十起，或二三十人一群，四五十人一群，未及歲童子尤多，俱是鄉間業農粗笨之人。均以大紅粗布包頭，正中掖藏關帝神馬。大紅粗衣兜肚，穿於汗衫之外。黃裹腿、紅布腿帶，手執大刀長矛，腰刀寶劍等械不一，各隨所用，裝束卻都一般……

朋友，你看過大陸上文革時代的電影嗎？毛主席的義和團，和西太后的紅衛兵，有何不同？其實仲芳先生所看到的只是武清團、永清團、香河團、固安團、紅旗、井岡山、好派、屁派……的一支。這一支是紅巾紅旗的「坎字拳」。那支被張辮帥殺掉的黃巾黃兜的「乾字拳」，另外還有黑的白的，他還未見到呢！（參閱《拳匪紀事》）仲芳先生也笑他們是粗衣粗布粗笨之人。但是他還未見過蒯大富、聶元梓等頭頭所領導的北京本地的「義和團」呢！他們是遍身羅綺、眉清目秀的高幹子弟。你笑他粗笨？紅衛兵不是有文革小組、司令部和各級造反領導頭頭嗎？……他們造反的對象不是「赫魯曉夫」、劉鄧走資派嗎？他們各派文攻武衛，不是也曾和解放軍武鬥過嗎？

義和團照本宣科，樣樣齊備。

六月初有「義和團」萬人整隊入城。九門提督著了慌，閉門不納。雙方正相持不下時，忽有差官持來「輔國公」載瀾的「令箭」，責令開門，守城者不敢違，拳衆乃一擁而入。輔國公不也是文革小組的首長嗎？自此九門大開。拳衆自四方湧入北京，日夜不絕。經旬而入者多至十萬餘人。家家唸咒、處處設壇。最後是「上自王公卿相，下至倡優隸卒，幾乎無人不團。」（參閱《中國近代史資料叢刊・義和團》第一冊，頁三〇六及《要錄》頁一四四。）

此時端王莊王都有大師兄隨侍，隨時表演特異功能。據說李蓮英曾引拳師去頤和園表演，並於六月九日護駕還宮。太后對拳藝大爲折服，並親自習畫「靈符」云云。（散見阿英編《義和團文藝選輯》中，詩文隨筆等雜著。）

奉太后懿旨，所有入城的十萬義和團，都由莊王載勛、大學士剛毅統一指揮；由載漪、載瀾等三兄弟從中協助。義和團入城第一步便是去莊王府中「報到」、「掛號」。關於戰防的地點和時間，要聽候上級「轉牌調遣」（見《庚子紀事》）。當時「坎字拳大師兄」便住在莊王府內，上聽莊王調遣指揮，下對徒衆發號施令（見「軍機處雜件」坎字老團大師兄德，六月二十五日〈通知〉，載《史料續編》上冊，頁六一八）。那時衆師兄用以殺人的那種形狀奇特的「大刀」，其圖案後來被洋人擺成ＡＢＣ字母，用爲汚辱華人的象徵。誰知用久了竟變成一種「東方藝術字」。在今日海外華人社區的招牌上、廣告上、名片上，仍隨處可見。然使用者已不知其歷史根源矣。

殺人放火的收場

試問義和團小將十萬人，如今摩拳擦掌，擠在北京城內，意欲何爲呢？曰：他們來此爲的是「鬧教」；爲的是「扶清滅洋」。

六十年後，十萬紅衛兵小將也擠在原處，爲的是「造反」，爲的是「興無滅資」。紅衛兵把革命對象大致分成十等。地、富、反、壞、右之下，筆者這類教書匠名列「臭老九」。七、八百年前，蒙古統治階級也把我們的社會級別，列爲乞丐之上，妓女之下——八娼九儒十丐，也是第九等。

義和團把他們鎮壓的對象，據說分爲「十毛」。老毛子、大毛子是遍體黃毛的洋人，殺無赦。二毛子是教民。教民允許退教，不退教亦殺無赦。三毛以下則是用洋貨，行洋禮，崇洋、讓洋……等而推之。

紅衛兵當年要打倒國家主席「赫魯曉夫」（指劉少奇），揪鬥劉鄧「走資派」等等。義和團也要殺掉他們的「一龍二虎」。一龍者光緒爺也；二虎者搞洋務的李鴻章、奕劻也。所以迅速竊政的端王，就要自己掌握外交系統，使奕劻老叔靠邊站了。據傳聞則莊王載勛的陰謀更大，他計畫率領衆師兄入宮去把一龍幹掉。

這還是比較文明的上層。那些設壇長街，十萬人摩肩接踵，歹徒再乘間鬧事，一呼百應，群衆獸性大發，燒殺姦擄，一時俱來，北京城就秩序大亂了。

義和團在北京之燒也，始則逢「洋」必燒。六月十六日拳衆在大柵欄焚燒「老德記」西藥房。一時火焰沖天失去控制，左右前後，烈火延燒三日不滅，把最繁華的前門大街一帶，千餘家鉅商大鋪（一說四千家），焚成廢墟。正陽門樓亦被燒場。京師二十四家鑄銀爐廠亦全被焚燬。北京市所有錢莊銀行因之被迫歇業。通貨既不流通，市場交易全停，一夕之間，北京就不是北京了。（見六月十八日〈穩定行市事上諭〉，載《史料續編》頁六〇四。）

義和團在北京之殺也，是從殺教民開始的，他們集體殘殺教民的屠場，便是莊親王府前的大院。在這空闊的廣場之上，他們一殺千人。眞是人頭滾滾、屍積如丘、血流成渠啊。（見《義和團史料》上册，頁五〇。）

迨教民爲之趕盡殺絕，倖存者則逃入使館區和西什庫大教堂，依附洋人，築壘自保。教民既絕跡，義和團便捕斬私仇，濫殺無辜。市民被他們以「白蓮教」三字獄砍頭者，爲拳民趁火打劫而燒死戮死者，軍團相鬥，軍軍相殺，團團武鬥而暴屍街頭者，尤不計其數。天熱屍腐，臭氣沖天，全城鬼哭神嚎。

在法國大革命期間，巴黎兒童曾仿製「斷頭機」(guillotine)爲玩具——眞正的「以殺人爲兒戲」。庚子夏天的北京城，尤其是莊王府前的廣場，天天殺人，雖婦女兒童亦所不免，實是當時世界上最大的人類屠宰場啊！與北京這個屠宰場相比，巴黎瞠乎後矣。

至於庚子夏天發生於北京的姦和擄，則禁軍、甘軍也是首惡啊！婦女被姦被殺的無法統計。而商戶被搶被劫的，則一九九二年美國有史以來最大的洛杉磯暴動，相形之下，也是小巫見大巫啊！我們的義民和軍人，在洗劫北京商民之後，並擺出興隆的「跳蚤市場」，把贓物公開拍賣呢！（見《要錄》頁一九〇，引《史料叢編》及《檔案史料》上，頁二〇。）

搶掉商戶不算，像吏部尚書孫家鼐和大學士徐桐那樣的深院大宅，也不能倖免。徐桐固爲義和團保母之一也。他在被搶之時，義和團小將還把這位「老道」（徐的諢名）拖出公審。八十歲的老進士只得跪地哀求，才倖免毆辱。——當年的義和團小將，似乎比後來的紅衛兵小將，還要文明一點。紅衛兵打人殺人，「老道」的「太上老君」也阻止不了啊！

總之義和團運動發展至此，是完全出軌了；出軌到四人幫自己亦惴惴不安；他們自己的親友也性命難保。七月初，清軍副都統（一「旗」中的第二位高官）神機營翼長慶恆一家十三口，竟爲義和團尋仇，全部殺害。慶恆是二品高官，又是滿族，且係載勛、載漪的好友，而一家被殺，兩位王爺皆不敢深究。終以凶手爲「僞義和團」而銷案，可見義和團此時的聲勢了。若非清軍打敗仗，「八國聯軍」入京「助剿」，任義和團如此發展下去，則老太后四人幫本身是否控制得了，猶在不可定之天也。

義和團和各路清軍在北京搶夠了，殺夠了，再分頭攻打東交民巷和西什庫教堂來助興。他們已把一半北京夷爲平地，另一半則有待於「八國聯軍」之接班，而繼續其姦擄焚殺之餘孽矣。嗚呼哀哉！我們寫歷史的人，拿著原子筆空著急。眼看歷史一幕幕地重演，又從何說起呢？

＊原載於台北《傳記文學》第六十一卷第六期

三、慈禧太后向十一國宣戰始末

一九〇〇年庚子，六月中旬，當北京城被十萬義和團小將和他們的主使人莊王、端王，燒得烈焰蔽天，殺得血肉滿地之時，慈禧老太后對義和團的撫剿政策還是模稜兩可，沒個明確的抉擇。她對那日夜逼她在和戰之間表態的西方列強，更不知如何是好。老太后並不是個糊塗人。她知道義和團那套魔術既不能扶清，更不能滅洋。雖然她自己也在日夜「唸咒」。

至於洋人的凶狠，她在做姨太太時代就已領教過了。一八六〇年（咸豐十年）秋九月，那時年方二十五歲的懿貴妃，就被英法聯軍趕出圓明園。據當年西方的傳說，她逃得如此驚恐和倉卒，連她最愛的一窠北京獅子小狗，都做了英軍的俘虜。小狗不知亡國恨，當牠們被奉命前來放火的夷兵發現時，小貴族們還在追逐爲樂呢！

此一故事或爲西方媒體的渲染。但是「獅子狗」這個可愛的小寵物（現在紐約市價至少每隻五百美元），和許多東方的珍禽異獸，後爲西人所寵愛者，每多是英法聯軍火燒圓明園時未被燒死的「烈士遺族」。筆者早年留美，在紐約動物園中，就見過源出圓明園的「四不像」。

那時嬌貴的懿貴妃，在戰火中隨夫秋獮北狩。青年丈夫一氣殉國。讀者們看過大陸演員劉曉慶扮演的美麗的小寡婦嗎？她多麼可憐。夫仇國恨未報，守節撫孤四十年，到如今還要受老仇人的鳥氣。老太后其恨可知；但是其內心的畏葸，也就不難想像了。不幸的是她現在已墮入她自己一手培植起來的親貴四人幫的包圍圈中，而謀主無人。更不幸的則是正當她在歐斯底里，方寸已亂的情況之下，忽然晴空霹靂，收到一封「蔣幹」偷來的絕密情報，說洋人要逼她「歸政」，痛哭之餘，老太后自覺反正是死，就不如乾脆「拚」掉算了——這是一記《三國演義》上「蔣幹偷書」的假戲眞演。才使老太后決心攻打使館區，殺盡在中國所有的洋人。欲知其詳，還得從她於六月九日自頤和園還宮說起。

甘軍慘殺日本書記

慈禧在頤和園長住時期，她本人原有一支數百人的貼身衛隊。他們使用的也是當時最新式的後膛鋼槍。但是這幾百個青年士兵既然在美女如雲的後宮和御園之內，擔任警衛，他們如是生理無虧的健壯青年，那就太危險了（後來毛主席在中南海，顯然也有相同的苦惱）。所以這支衛隊是由太監組成的。太監怎能持槍作戰呢？因此慈禧一旦還宮，她就把董福祥的甘軍調入北京內城，作爲她內城的宮廷警衛。

這時擔任北京九門城防的禁衛軍和在街頭日夜巡邏的義和團大刀隊，均在端王、莊王的掌握之中。縱是太后想制止「拳匪」在北京一帶燒殺搶劫，已漸覺力不從心。——雖然「拳匪」一辭，仍隨時見於〈上諭〉（用皇帝名義）和〈懿旨〉（用太后名義）。

甘軍是有實地戰場經驗和赫赫戰功的勁旅，非義和團和九門禁軍所能望其項背的。所以太后曾一再召見董福祥，慰勉有加。董福祥亦向太后保證，他既能「殺外人」，也能把義和團鎮壓下去。——不用說，甘軍就是慈禧的一張王牌了。誰知甘軍入城的第一天就錯殺了（東）洋人而使太后無能為力。原來董福祥的「甘軍」也是西北一支紀律最差的土匪軍，視殺人放火如兒戲。如今拱衛京師，獨承天眷，那就更肆無忌憚了。因此當甘軍於六月十一日（陰曆五月十五日）奉命開入永定門時，適值日本駐華使館書記官杉山彬乘車出門公幹。雙方相遇於途。董軍營官乃喝問：「何人？」杉山自覺是外交官乃據實以報。誰知他碰到的卻是一支無知的土匪軍。未待他說完，這營官便抽刀向前，直刺其腹，就把杉山彬一下殺掉了。殘酷的士兵一擁上前，不但把杉山屍體支解，並剖腹去其臟腑而實以馬矢，棄之道旁。（見柴萼《庚辛紀事》）

杉山之死立刻成了國際新聞。駐北京各國使館人員和各教堂內的傳教士，弄得人心惶惶、個個自危。中國教民一向被拳民呼為「二毛子」，其罪僅次於「老毛子」（黃髮洋人），當然更自知大禍臨頭。而一些仇洋反教的群眾則頗為積忿得洩而鼓掌稱快。

李鴻章、袁世凱是關鍵人物

杉山之死不用說在五大洲都引起震動。世界名都中各大報刊的報導，不是頭條也是花邊。這消息也引起中國皇宮內廷的不安。很顯明的，如今〈馬關條約〉墨瀋未乾，李鴻章在日本被刺的槍疤猶在，怎能再殺個日本外交官呢？

老太后慌了手腳，她除專派榮祿和啓秀向日本使館道歉之外，並召見董福祥與載漪加以申斥。可是福祥的面奏，和載漪的幫腔，終使慈禧內外交煎也處置不了。福祥說他一人如受罰是罪有應得，但如因此把他麾下的甘軍激成兵變，則京城治安就大有可慮了。——聰明的慈禧當然體會到，這時的「八三四一部隊」是抓在他二人的手中啊！他二人如聯手不聽「老佛爺」的話，則釋迦牟尼也無計可施啊！為杉山之死而懲凶的諭旨也只好不了了之。

據說福祥與載漪從陛見退出時，載漪拍福祥之背，並翹起大拇指，大誇福祥是了不起的英雄好漢。（見《清史．董福祥傳》）

時局發展至此，慈禧顯然知道，外禦洋人，內安反側，她已漸漸失控了——這時在天津，聶士成為阻止西摩的「聯軍」入侵北京，雙方已打得砲火連天，士成後來終於戰敗殉國。為搶救此一失控局面，她似乎與榮祿有過密議。二人決定了一個最有效的萬全之策——急調李鴻章與袁世凱來京共紓國難。

李鴻章原是榮祿的政敵。李之下放廣州就是受榮祿排擠而去的。但是榮祿沒有應付洋人的本領。現在夷情緊迫，他與慈禧束手無策，只好又策動老太后速調李鴻章回朝了。

至於袁世凱，他本是榮祿的死黨。一向對榮感恩戴德、忠貞不二。如今又手握重兵，誅義和團如殺雞犬，深爲洋人所喜。因此如李、袁二人能聯袂返京，則榮祿和慈禧所感棘手的一切內外問題，均可迎刃而解。

這確是最高明的一著。因此六月十五日軍機處便傳旨，令李鴻章與袁世凱迅速來京。——這時由於義和團拔電桿，北京與外界電訊已斷。然榮祿與袁世凱之間，則「八百里加急」的傳統驛馬，仍可照跑無誤；而袁與南方三督，尤其是與廣州的李鴻章，則電訊日夜不絕。

百年回看水晶球，當時如李、袁應召返朝，則我國近代史上最慘痛的「八國聯車」這項國恥，或可消滅於無形。不幸的是，西后把召袁之命隨即取消，轉而重賞義和團，決心攻打使館，殺盡洋人，並決定與十一國列強「同時宣戰」。

她老人家何以一夜之間發起瘋來，把原先設計好的萬全之策，作了一百八十度的大扭轉，而置國家民族於萬劫不復的絕境呢？這就出於一個小小的「蔣幹偷書」所獲得的假情報的刺激了。——歷史發展的長江大河，爲一點藐小的個人情緒而變了方向，是史不絕書呢！一九三六年冬，張少帥發了一頓小小的少爺脾氣，不是把我們五萬萬同胞，朋友，包括你和我的命運，徹底的改變了方向，以至於今日？

「蔣幹偷書」的假戲眞演

就在西后決定調回李、袁之翌日（六月十六），由於時局緊張，老太婆便召集了一個包括六部九卿、軍機、總署和諸王貝勒的大型「御前會議」，以商討和戰大計以及剿撫義和團的決策。這個會顯然被端王所領導的激烈分子控制了。會中主和派袁昶、許景澄等偶持邪術不足恃之說，便被端王所呵止。慈禧也認爲邪術雖不可用，而人心則可用。可是就在這一天，義和團在大柵欄放火，把前門大街一帶數千家商鋪燒成灰燼，而大失人心。因此在會議之後，慈禧還是要方從涿州回京而力言拳民可用的剛毅，偕同董福祥「開導（拳民），勒令解散。其有年力精壯者，即行招募成軍，嚴加管束。」（見《義和團檔案史料》上册，頁一四五。）

誰知這道「勒令解散」的上諭頒下不及二十四小時，朝命便反其道而行呢！

原來就在當天的午夜，朝中接到一通絕密的情報，說洋公使已決定合力扶植光緒而趕掉慈禧——這是戊戌以後慈禧最怕的一著，如今這最怕的一著就要成爲事實，怎能不令老太婆魂飛天外呢？情報的來源是這樣的：

原來就在這天午夜，忽有人私叩榮祿之門，說有機密要事告急。榮祿接見後才知是他的心腹，時任江蘇糧道羅嘉傑的兒子，奉乃父之命親來告密者。這情報透露各國公使已聯合決定向清廷提出四項要求：一、指明一地令中國皇帝居住；二、各國代收各省錢糧；三、代掌天下兵權；四、勒令皇太后歸政。

榮祿得此情報之後，頓時如雷貫頂。他知道在「戊戌政變」中，他當慈禧鷹犬時所做的好事。如今十一國列強勒令太后歸政，擁戴光緒復出。光緒復出，榮祿還有腦袋嗎？所以榮祿得報，徬徨終夜，繞室而行，知道是大禍臨頭。天方亮他就入宮覲見，把情報遞給慈禧。太后覽報，自然更是熱淚橫流，悲憤交集。

這位老潑婦獨裁專制四十年；她誰也不怕，只怕洋人。如今洋人最後眞來要她的老命了。在眼睜睜就要投繯自盡之前，她還管得了大清江山，兆民生命？她就放潑，和洋人拚命了。

「政治家」退化成「女人家」

西后顯然與榮祿計議之後，便立刻召開第二次「御前會議」。她在會中講話時首先叫「諸大臣」；在激動之下，她又口稱「諸公」。在中國兩千年專制歷史中，皇帝與太后向無稱群臣爲「諸公」者；驕傲跋扈如葉赫那拉氏者，自然更是前所未有，足見其方寸已亂、手足無措之激動情況。當她連哭帶說把「四條情報」宣佈時，全場驚愕，不知所措。端王以下最激烈的親貴二十餘人，竟相擁哭成一片。在激動之下，他們咬牙切齒，立誓效忠太后，不惜一切與洋人一拚。太后也說洋人既已決定開戰，大清亡在目前。既然戰亦亡，不戰亦亡，「等亡也，一戰而亡不猶愈乎。」（見《中國近代史資料叢刊‧義和團》第一冊，頁四八～四九。《史事要錄》所節諸書亦足參考，見頁一六八～一七八。）

這樣一哭一鬧，老太后也就把前一日的對義和團「勒令解散……嚴加管束」的上諭一筆勾銷。主和派的光緒、立山、聯元、袁昶、徐用儀、許景澄，同遭申斥，齊靠邊站，朝廷就決議重用義和團對十一國列強不惜一戰了；主和五大臣，其後也相繼被殺。

六月十七日（陰曆五月二十一日）的「第二次御前會議」，因此也就變成了中國的御前動員會議。剛毅、載勛、載濂、載漪、載瀾乃奉命統率義和團。載勛旋即代替崇禮出任步軍統領九門提督。從此九門大開，四郊義和團乃大批湧入北京，日夜不絕（見《庚子紀事》）。眞是無巧不成書，大沽砲台也於此日被七國聯軍所攻佔。（大沽之戰時，美國海軍拒絕參加，詳見下篇。）

德使克林德濺血街頭

北京情勢既如此緊張，十一國公使自然也日夜開會商討對策。他們第一目標當然還希望中國政府剿匪睦鄰。在六月二十日清晨集會時，德國公使克林德(Freiherr von Ketteler)乃主張與會公使集體行動，聯袂前去總理衙門要求保護。各使不願偕往，克林德乃單獨行動，乘了他那豪華的綠呢大轎，帶了一個乘小轎的翻譯官柯達士(Herr Cordes)前往總署交涉。行至半途他就被載瀾麾下神機營霆字槍隊章京（小隊長）恩海一槍打死了。轎夫大恐乃摔轎而逃。當時坐在小轎中的柯君，也被摔在地上，把屁股摔成重傷。（據《景善日記》所載，克林德的死屍是袁昶收的，而載瀾則要載漪下令，把死屍斬首，懸於東安門示衆。史家或疑《景善日記》爲榮祿僞作。然縱係僞作，書中所言故事亦大多可信。參見《庚子大事記》及摩爾斯前書。）

克林德公使一死，北京的東交民巷，就變成慈禧太后的「珍珠港」了。事已至此，一不做二不休，發瘋了的老太后索性取出「內帑」（她老人家的私房錢）數十萬兩，重賞三軍和在京津兩地唸咒打拳的義和團，要他們在天津攻打租界，在北京圍攻使館，務必把在華洋人趕盡殺絕，以洩心頭之憤。（見《檔案史料續編》頁六一五～六一六。）

六月二十一日（陰曆五月二十五日）她老人家乃用兒皇帝之名，寫了十二道絕交書，就和英、美、法、德、義、日、俄、西、比、荷、奧匈十一國列強同時宣戰了（多餘的一份則送給當時也被圍在東交民巷之內的總稅務司英人赫德）。——一詔戰天下，慈禧老太后就變成人類歷史上，空前絕後，最勇敢的女人了。

有四十年當國經驗的慈禧老太后不是這樣的人嘛！她原是一個凡事都留有退路的「政治家」嘛！這一次怎麼做得這樣絕呢？那時在一旁冷眼觀察的費正淸的老師摩爾斯，對她的評語最是入木三分。摩說：「太后一向作事都是留有退路的，只有這次她這個政治家只剩個女人家了。」（The empress dowager had long avoided committing herself to any position from which she could not withdraw ,but now the statesman was lost in the woman……見摩著前書，卷三，頁二一九。）

〔附註〕慈禧太后在一夜之間，便從個「政治家」，變成個放潑的「女人家」，一般的當時和後世的觀察家、政論家和歷史家，都認爲她在這緊急情況之下，歇斯底理的失去了理智。筆者雖基本上同意此說，但亦另有解釋。那便是西后心智十分狡黠，她在這絕望情況之下，以義和團小將爲幌子，對十國公使（德公使已死），來個「綁票勒贖」。她的「贖金」或「釋放條件」便是十一國改變對華政策，不要她「歸政」。否則義和團「綁匪」，就要「撕票」，大家同歸於盡！西后不是個糊塗人。相反的，她是個最工於心計的女縱橫家。筆者作此「大膽假設」，雖難於「小心求證」，但在現代心理學和行爲科學上，是可以言之成理的。

西太后的「珍珠港」

葉赫那拉老太太這一記轟炸「珍珠港」的行爲，可把我們的國家民族弄慘了。最後鬧掉十幾萬條人命，還賠上北京宮廷和市民千萬件無價的珍寶，加上四萬萬五千萬兩雪花紋銀。諸位華裔讀者們要知道，你和我的祖宗，那時都各賠一兩呢！說來難信，慈禧老太這個「珍珠港事變」從頭到尾是從蔣幹先生自作聰明偷來一件假情報搞起的。殊不知當時駐華十一國公使，本來各懷鬼胎，彼此嫉忌，搞個「七國聯軍」的集體行動，已非易事，不要說提出有關中國內政的「四大要求」了。這四項要求中如眞能實現太后歸政、光緒復位這一條，對當時中國政局可能眞有起死回生之力呢！但是大淸帝國的起死回生，關他們十一個帝國主義的屁事？他們才不會提出這項要求呢！等到事後中國方面發現列強並無此項要求時，大家乃懷疑這情報爲端王載漪所僞造，來故意刺激太后的。其實端王那一夥哪有周瑜之才？他們才造不出這樣高明的假情報呢！——這個假情報來源實出自英商在上海所辦的英文《北華捷報》(*North-China Daily News*)一九〇〇年六月十九日（淸曆五月二十三日）的一篇社論。此文復於翌日重載於該報週刊的《字林西報》(*North-China Herald*)。這篇社論文稿在刊出之前，可能被報社中華裔職工所獲悉，輾轉爲羅嘉傑糧道所聞。他乃根據情報人員的謊報或誤譯，也或許是他自己爲邀功而改頭換面、加油加醋，譯成漢文，便向榮中堂告密了。——這位糧道先生開了我們價值四萬萬五千萬兩雪花紋銀和千萬條人命的一個大玩笑。我們如把一百年前四萬萬五千萬兩紋銀在那時的市場價值，折合成今日的物價，該值目前美金現鈔幾十萬萬元？我們「羅蔣幹」先生這項烏龍，實在擺得太大了。

在這篇社論裡，作者的確提到「太后和她的幫」愚蠢地蓄意與「全部列強開戰」，並強調「這個幫如不自動毀滅，就應被趕出北京。我們希望能使光緒皇帝復位。我們應向中國人民確切表示，目前這一戰爭全爲西太后所發動。吾人只是與北京的竊權政府作戰，而非與中國爲敵也」。

這只是一篇報紙的社論。以光緒復位代替慈禧甚或有違於英國當時的對華政策呢！至於代收錢糧，共管軍事，全爲情報人員所妄加。此時英美兩國爲防俄德等國搞瓜分勾當，對己不利。他們但願使中國這個最無能的政府，領土完整，主權獨立。庶幾利益均霑，維持現狀。英國當時掌握了中國外貿百分之七十以上，中國進出口航運近百分之九十；美國斯時在中國無半寸殖民地可向外發展，所以「維持現況」(maintaining status quo)——是所謂「門戶開放政策」(Open Door Policy)對他英美兩國最有利也。

事實上，八國聯軍之後，美英二國協力維持首要戰犯慈禧太后權力於不墜，其居心與二次大戰後，美英聯合維持日本首要戰犯裕仁天皇的皇位，實如出一轍。老太后爲一項假情報弄得方寸大亂，實在是知識不夠，朝中無人，有以致之。那時李鴻章如仍居相位，叫他底下的洋員李提摩太(Timothy Richard)、赫德(Sir Robert Hart)或丁韙良等到使館一問，一切不就豁然冰釋？哪要老太后去上吊尋死呢？

那時中國的南方督撫都僱有「洋員」，在涉外事件中以備諮詢，以供跑腿，所以情報比較靈通，交涉亦能抓著要點。這些洋員如李提摩太等，大都忠心耿耿，爲僱主實心辦事，在中國官場中極獲好評。這種洋員所提供的服務，到民國初年就逐漸被留學歸國的「博士幫」所代替了。在民初軍閥時代，諸大軍頭們從穿西服、乘汽車、打網球到買軍火、訂條約都少不了他們。接著而來的國、共兩黨原多是以歸國的留學生爲骨幹的，涉外事件就少煩外人了；但是在「西安事變」中，還不是有個端納跑來跑去？等到毛澤東登台，自恃天縱英明，一切恢復土法煉鋼，在對美、蘇左右開弓之餘，偉大的盟友，就只剩一個阿爾巴尼亞(Albania)了。嗣後江（青）太后登台，「海外關係」簡直就是「裡通外國」。江老太后和她的四人幫如真的掌權了，她說不定也會搞個「對十一國同時宣戰」呢！——江婆娘的潑辣與無知豈在葉赫那拉氏之下？

這番話當然是離題太遠，但是在歷史劇不斷重演的近代中國大舞台中，偶把演懿貴妃的劉曉慶和演賽金花的王瑩，排排坐、比較比較，可能也不算是浪費筆墨。——毛主席和他的四人幫與西太后和她的載字輩四人幫，土法煉鋼的所作所爲，眞是如出一轍啊！

再者，西后之決定與十一國宣戰，可能也是出於她自作聰明的愚蠢的權謀——她或許想利用義和團去劫持列強公使，以逼迫列強改變強迫其「歸政」的政策。不成則以義和團爲替罪羔羊——其手法與七十年後毛澤東之利用紅衛兵，如出一轍。當續論之。

劉坤一與「東南互保」

西太后既假兒皇帝之名向十一個列強同時宣戰矣，她和她的四人幫的戰時政策，第一便是整編義和團爲「八旗」，由端王統一指揮守衛禁城。六月二十二日以後詔諭亦由端王發佈。禁軍亦唯端王之命是從（見《字林西報》六月二十四日以後各期）。端王並通令全國，籌款調兵，勤王抗敵。因此朝廷一再降旨全國督撫、上下臣工「現在中外業經開戰，斷無即行議和之勢……各將軍督撫等，務將『和』之一字先行掃除於胸中……

〔務必滅洋到底〕……」（見《義和團檔案史料》上册，頁二二一～二二二）。七月十四日天津失守，廷諭再次督戰，強調「天津失陷，京師戒嚴，斷無不戰而和之理」（見同上，頁三六六）。與此同時他們還通令全國廢除洋操、洋服，而恢復用刀弓石的武考呢！

但是清廷這時有何力量能抵抗八國入侵之聯軍呢？這分明是螳臂當車。戰事一發動，李鴻章即認爲各省勤王援軍無益。蓋不待勤王之兵到達，北京就要淪陷，朝廷就要「西遷」。（見《李鴻章年（日）譜》頁四一三；引〈李文忠公電稿〉致袁世凱電。）

李鴻章不是唯一的預言家呢！當時的兩江總督劉坤一、湖廣總督張之洞、閩浙總督許應騤，尤其是鐵路大臣盛宣懷等人都洞若觀火。這原是常識，不待智者而後明也；只是端王把持下的中央政府太愚昧無知罷了。所以東南地區漢族督撫就藉口廷諭爲「矯詔」，不從「亂命」。他們就與虎視眈眈的帝國主義分別議約搞「東南互保」了。

革命精神很充沛的後世史家，兼有對「東南互保」作非議者，殊不知那時不搞「互保」，則長江中下游地區亦在戰火中矣。蓋宣戰之詔尚未下達之時，英人即向美國駐滬總領事古德納(Goodnow)揚言(open talk)要佔領江陰砲台、江南造船廠及整個吳淞地區，以試探美國的反應。劉坤一得報，乃密遣洋員美人福開森(J. C. Furguson)與古德納疏通，密報華府設法制止。另外亦調兵遣將決心武力抵抗，英人才知難而止。（見「美國國家檔案局祕藏原檔」，古德納於一九〇〇年六月二十九日對國務院副國務卿之密報。）

在武漢方面，張之洞亦極力維持地方穩定，減少洋人入侵藉口（見同上附件）。同時諸方面大員合議，如北京失守、兩宮不測，他們就選李鴻章作總統以撐持危局（這時孫中山也殊途同歸，曾提出相同的建議）。鴻章對「伯理璽天德」（總統）大位，也頗有興趣。其後慈禧與光緒安全逃到西安，此議遂寢。（見《年譜》頁四二三，引《國聞週報》。）

張、劉、李這幾位督撫，老實說，都是熟讀聖賢之書的傳統政治家啊！可恨國運如斯，形勢比人強而長才不展。

懸賞捕殺洋人

西后宣戰後第二項絕招便是懸賞捉拿洋人，把他們斬盡殺絕。

中國歷史故事中原有「八月十五殺韃子」的傳聞，說在蒙古人入侵中原時，每家都住有韃子特務。某年中秋節民間以月餅爲傳媒，全國在一天之內同時動手把韃子殺光。這次中外既然宣戰，大學士徐桐等也奏請西后下詔「無論何省何地，見有洋人在境，徑聽百姓殲除」（見《義和團檔案史料》上册，頁一九六）。步軍統領莊親王載勛等也在北京街頭遍貼告示，懸賞捕殺洋人。賞格規定：「殺一洋人賞五十兩；洋婦四十兩；洋孩三十兩。」（見同書，下册，頁八四二。）因此當恩海一槍把德使克林德打死之後，他不但對凶行直認不諱，他還在等著領賞呢！

筆者昔年服務哥大時，前輩老友富路德教授(Luther Carrington Goodrich)時常自笑幼年時小命只值三十兩紋銀。因爲他在庚子年曾隨他傳教士父母被圍於東交民巷之內；那時他才六歲。富家一直是在通州傳教的。事發時就近逃入北京使館，躲掉一劫。其他不幸在山西傳教的歐美傳教士，就全部罹難了。

當時山西巡撫毓賢，在奉命緝捕傳教士和教民時，他謊稱「集中保護」，把全省的外國傳教士男女老幼四十餘人，或騙或捕，都集中到他的巡撫衙門裡來。七月九日他把他們全部剝掉上衣，罰跪於衙前廣場，一一砍頭殺死。有一位長著馬克思式白鬍子的老主教，起身質問毓賢爲何無辜殺人。毓賢抽出佩刀，二話不說便一刀劈去。老主教頭面血如噴泉，白鬍子頓時變成紅鬍子。毓賢又補上幾刀，便把這位老人殺了。這一天他一共殺了傳教士及家屬共四十六人，包括十五個男人、二十個女人和十一個小孩。眞是甚於虎狼，殘忍之極。〔見管鶴著《山西省庚子教難前後紀事》及《李鴻章年（日）譜》頁四五○，暨Robert C. Forsyth著《庚子年殉難中國烈士考》（*The China Martyrs of 1900*）頁三○以下。〕毓賢在山西省一共殺了多少傳教士，衆說不一。因爲教士來自西方不同國家，統計數字不易齊全也。至於他殺了多少「二毛子」（教民）和與外事有關的人士，那就更無法計算了。

拿「一龍二虎十三羊」開刀立威

在大殺洋人和二毛子的同時，那些志在奪政權扶清滅洋的載字輩四人幫，還要在朝內立威，拿義和團所點名的「一龍二虎十三羊」來開刀祭旗。

在對列強宣戰後四日，載漪、載勛、載濂、載瀅（已故恭親王奕訢次子）四兄弟率義和團大師兄刀斧手六十餘人直闖瀛台，要去把載湉（光緒帝）幹掉。這椿「弑帝」、

「殺龍」行爲，雖爲西后所制止，但是這條「龍」也就生不如死了。他不但在御前會議中時遭端王、莊王的折辱，據說連個年方十四的「大阿哥」（載漪的兒子）也指著他叫「二毛子」。如此，則老太后一人之下，萬人之上的權威人物是誰，就不言可知矣。（見《景善日記》及多種雜著，故事多有可信。）

至於「二虎」——李鴻章和奕劻——李被下放廣州，遠走低飛，鞭長莫及，四人幫對他無可奈何。據說鴻章初聞下放消息時，樂不可支。蓋以遠離虎口，頗感身心兩快也。如今「北事大壞」，收拾殘局，「捨我其誰」（鴻章豪語，均見《年（日）譜》），殺不得也。奕劻之罪，只是對洋人「太軟」（見《四十年來中國大事誌》），不足殺也。眞正倒楣的便是「十三羊」了。

「十三羊」的名單上究竟是那些人，說者不一。但是他們和其他類似的什麼「十三太保」、「十八羅漢」、「二十八個布爾什維克」等等一樣，前幾名總歸是固定的。「十三羊」前五羊應該是那五位因力主剿拳議和而被殺的「五大臣」。前駐德俄等國公使，嗣任吏部左侍郎許景澄和太常寺卿袁昶，是在七月二十八日被殺的。兵部尚書徐用儀、內閣學士聯元、前戶部尚書立山，則是八月十一日被殺的，所謂旬日之內連殺五大臣

（見《史料叢刊・義和團》第一册，頁二二），而時未經旬，北京亦爲聯軍所陷。

慈禧爲什麼在棄城潛逃的絕望時期，把主和大臣一網殺盡呢？這就是一些大獨裁者（不論男女）最狠毒的地方了。所有的獨裁暴君對異議者都是睚眥必報的。她這次敗亡出走，生死未卜。但她絕不能讓她自己死於異己者之前，而使異己者有與敵人交通之餘地也。她投鼠忌器，行前只殺珍妃不殺光緒。然洋人如眞要逼得她非懸樑自盡不可之時，則太后之懸樑，亦必在皇帝懸樑之後也。朋友，奇怪嗎？我們蔣公自大陸敗退時，殺楊虎城而保留張學良，還不是一戲兩演嗎？那時如寶島不守，蔣公向瑞士逃難，則少帥還能活到今天嗎？——此理一也！

《崇陵傳信錄》的作者惲毓鼎，不諳此理，他把連殺五大臣的黑鍋，全給端王載漪揹去了。惲說：「先是載漪力主外攘，累攻戰，不得逞，欲襲桓溫枋頭故智，多誅戮大臣，以示威而逼上。」

這是一派胡說也。試問載漪這個花花公子的師長，曾經「攻戰」過什麼呢？不錯，他打過東交民巷。筆者年前曾在東交民巷（社科院招待所）住過兩星期。在巷內巷外繞了無數圈。細看形勢才知道當年董福祥、載漪他們攻打東交民巷，直是一場民間「械鬥」而已。較之紅衛兵「武鬥」的規模可能也差得遠呢！這又叫做什麼「攻戰」呢？至於誅大臣以逼上，與桓溫廢海西公立簡文帝的故事相比，也是不倫不類。試問載漪的「上」是光緒呢？還是西后？是光緒又何必「逼」？是西后，他敢？

誅大臣，載漪亦不敢也。大臣是太后誅的；惡名是端王揹的罷了。

攻打使館的鬧劇與心機

至於攻使館，「不得逞」，倒是事實。但這雖是戰將的窩囊，事實還是太后留有退路也。且聽聽老太后在逃難之後，回憶起攻打使館的一段口述歷史。老太婆說：

> 我本來是執定不同洋人破臉的。中間一段時間，因洋人欺負得太狠了，也不免有些動氣。但是雖沒有阻攔〔載漪、載勛、載瀾〕他們，始終總沒有叫他們十分盡意的胡鬧。火氣一過我也就回轉頭來，處處留有餘地。我若是眞正由他們盡意的鬧，難道一個使館有打不下來的道理?!（見《庚子西狩叢談》）

老佛爺這段話講的是事實，但在我們搞口述歷史的老兵聽來，她還是不太夠誠實和坦白。——她沒有提她受「蔣幹偷書」那一段刺激。那時她決定是和洋人一拚，同歸於盡了。但是「同歸於盡」的「一拚」之間，這位老狐狸，還是留了一條退路：她叫那表面上手握重兵的大將榮祿、載漪、載勛等人代她去和洋人拚命。如果把洋公使的命都拚掉了，而交涉還有轉圜餘地，那她就以「妾在深宮哪得知」、「將在外君命有所不受」等藉口，把責任向諸悍將頭上一推。殺凶以謝，她還可做她的太后了。——事實上，後來結果就是這樣的。

誰知榮祿也是個曹操。他不敢不遵太后之命去攻打使館。但如眞把使館夷爲平地，殺死了幾位洋公使，將來洋人追查凶犯，太后被迫緝凶，他的腦袋豈不要搬家。所以他首先裝病請假，交出兵權。到後來懿旨難違，他非出頭不可時，他只有故作積極，三令五申督責董福祥的甘軍拚命去打。董福祥是個大老粗，在中堂嚴令之下，他就認眞的打起來了。自六月二十日起一連四天，甘軍每日開砲多至三百餘發。煙霧瀰漫、砲聲震天。北京與外界交通完全斷絕。在這種情況之下，區區東交民巷豈不早已夷爲平地？各國公使和教士，斷無生存之理，因此倫敦各報已刊出英國公使與海關監督等人的報喪「訃聞」(obituaries)。

可是這時在廣州看報觀戰的李鴻章，他和榮祿雖是政敵，卻英雄識英雄。六月二十二日鴻章在廣州便向媒體透露，使館無恙，請各界放心，因爲他知彼知己。榮祿既未調用他那有德式裝備的「武衛中軍」，光靠董福祥的土匪軍是攻不下使館的，因爲「甘軍無大砲」。董福祥所使用的全是一些土砲。只聽砲聲響，不見彈下來也。（見《字林西報》專欄。）

李鴻章是說對了。使館被攻，死傷不少，但並未被攻破。果然六月二十五日榮祿便奉太后懿旨停攻使館，並慰問各國公使。廷諭並向拒奉亂命的東南督撫一再解釋，不得已宣戰之苦衷（見《義和團檔案史料》諸書）。在停攻期間，一時西瓜蔬菜等慰問品滿車而來，送往使館。使在一旁觀看而口渴如焚的甘軍士兵氣憤不已。太后意旨前後矛盾若此，榮祿如眞把使館夷平，那還得了？所以榮祿不但對被圍敵人暗通款曲，他並且眞的「裡通外國」，令人假扮走私竊賊，大量接濟使館守軍火藥子彈，以加強防禦。他怕洋人如眞的「彈盡糧絕」被董福祥的甘軍攻破，則朝廷和老佛爺，尤其是榮祿自己，都不得了也。須知榮祿那時所接濟洋人的軍火可不是甘軍所使用的土火藥啊！他走私去的可能都是德製後膛槍的「七九鋼彈」（？），銳利無比。所以在六月二十八日停戰期滿，甘軍又恢復攻擊。其後「談談打打」，雙方又械鬥了五十餘日，使館始終屹立不動，而圍攻的甘軍和義和團則死傷千餘，均榮祿裡通外國之結果也。

上節所述的吾友富路德教授那時才六歲。他就時常違父母之命，爬上牆頭「觀戰」。五十年後他還用他那地道的通州話向我們笑說庚子遺事，眞是繪影繪聲。

富先生是筆者在哥大二十五年中所遇最可愛可敬的一位老輩漢學家。他的漢語比我說的也純正得多。他精通漢籍，也深愛中國。爲人處世也簡直是傳統中國裡的一位儒家老輩。他是胡適之先生的摯友；也是胡適在一九二七年回哥大接受博士學位典禮中的賓相。他佩服胡適佩服了一輩子。因爲他沒有適之先生那樣的精明和調皮。他渾厚得像傳統中國農村中的老農夫。富先生是筆者所認識的前輩之中唯一見過「義和團」的老學者。在退休之前他是哥倫比亞大學東亞語文系（原名「中日文系」）裡的「丁龍講座教授」。這個講座是爲紀念一位可敬的華僑工人丁龍而設的。筆者對丁龍的故事曾另有記述，不再多贅。然據我所知，坐在這個「講座」上的「教授」，只富路德一人在道德學問上受之無愧；繼他之人則是個下流不通的痞子。

筆者今乘重治拳亂史的因緣，提一提這位拳亂目擊者，也算是對他老前輩一點點私淑的紀念吧！（關於這一段拳亂史，中文檔案筆記至夥；西文史料如摩爾斯前著，赫德回憶錄，R. C. Forsyth與A. H. Smith等人的著作，和漢譯Bertram L. Simpson而化名B. L. Putnam Weale所著《庚子使館被圍記》，均足汗牛不及備載。）

使館倖存，首都淪陷

慈禧或鬆或緊、或眞或假，把東交民巷圍攻了五十餘日的「行爲」，可能還有一層她不願告人的動機——行爲科學上所謂「刺激—生機—反應」是也。她想以生死交關的危機，誘迫十國的「欽差大臣」（此時克林德欽差已死了）保證不要她「歸政」；也就是撤銷蔣幹先生偷來的那四條祕密的要求。無奈這四條要求原不存在，而十公使也不是老太后肚子裡的蛔蟲，不知如何反應。好在他們內有糧草、外有救兵。他們就冒著生命的危險，死守待援了。

至於老太婆說：「難道一個使館有打不下來的道理?!」她說這話確是胸有成竹的，因爲她還有德國克虜伯廠製造的重砲沒有動用呢！三十多年之後，當「五次圍剿」勝利在望時，《大公報》記者范長江爲當局向「朱毛」致意，不是也說蔣委員長對他們「手下留情」嗎？因爲中央軍裡最新式的德製武器都還未對他們使用呢！既然手下留情，爲何又一定要打呢？賢明的讀者，就自己去回答吧！

老太后的德製大砲在哪裡呢？原來它是配備在榮祿的嫡系部隊「武衛中軍」的砲隊裡。當董福祥猛攻使館十數日不得下，端王乃以上諭調中軍分統（軍階略近旅長）張懷芝派「開花砲」助攻。這位張分統是「天津武備學堂」的畢業生，與曹錕同學。這個武備學堂原是李鴻章授命戈登(Charles George Gordon)主辦的，是中國第一座新式軍校。這時武衛中軍所用的德製「開花（彈頭爆炸）大砲」連後來德國軍官都自嘆少見。因此張懷芝奉命之初自覺是立功的機會。他乃在城頭架好大砲，瞄準使館區，只要放三五砲下去，各使館就成爲屍體狼藉的一堆灰燼了。正當他要下令開砲時，這位三十九歲的軍官忽然靈機一動——他知道砲聲一響，後果就難以收拾了。他又改令緩發。隨即自己下城直趨榮祿官邸請示，要他的頂頭上司手寫一道發砲的命令以爲憑據。榮祿不敢親發命令；也不敢不發命令。雙方僵持甚久。這一來，懷芝更不敢離開榮府，自作主張，便在榮府賴著不走。最後榮祿纏他不過，乃支吾其辭說：「橫豎砲聲一響，裡邊（宮裡邊）是聽得見的。」——這是榮中堂在中國近代史上一句不朽的名言；而張懷芝這位後來官至安徽巡撫；民國時代袁皇帝曾封爲男爵不受；其後又做到山東督軍，和徐世昌任內的參謀總長的大軍閥，也不是個笨人。他聞言大悟。乃匆匆趕回城上，謊說砲位不準，需重測方位，遂把目標定向使館後之空地。衆砲齊發，轟了一晝一夜未停，直至上諭再次停攻始止。使館雖飽受虛驚，宮中府中均至爲欣慰。（見《義和團史料》下册，頁五六二，引《春冰室野乘》；富路德老師與其他西文史料，也頗有驚人的敍述；張懷芝故事散見中英文傳記，及《民國人物小傳》第五册，頁二八〇。）

庚子年圍攻使館的鬧劇就這樣一鬆一緊、亦眞亦假的鬧到八月十四日，使館內被圍洋人與中國教民忽聞哈德門外有機槍聲，知洋兵已攻破北京，因當時中國軍隊尚無機槍也。是日下午二時在數百洋人一片歡叫聲中，一大隊打著英國旗幟的印度錫克兵（Sikhs，上海人俗呼爲「紅頭阿三」者），一舉衝入巷內。五十天使館之圍是結束了；中國的首都北京也就淪陷了。

＊原載於台北《傳記文學》第六十二卷第一期

四、不堪一擊的拳民與七國雜牌軍

在中國近代史上最可恨的慘劇，莫過於一百年中我們的首都竟三度為敵國佔領。在佔領期間，敵軍的姦擄焚殺之殘酷，也是世界文明史上所少見的。

這三次中的第一次便是一八六〇年「英法聯軍」攻破北京，並把那一座「東方凡爾賽」的圓明園燒成灰燼。但是這次國恥對滿族統治者的教訓不大。那時入侵的洋兵不足兩萬，而北京的禁城之內，巍峨宮闕即有九千餘間。加上圓明園、頤和園和東陵、西陵，僅是皇家內務府所管的財產，就足夠這些洋強盜搬運的了。那時中國又沒有通海口的鐵路。再加上北京天津一帶高官貴族的王侯宅第，和千萬家富商大賈的巨鋪廣廈。萬把個小強盜一朝竄入，個個滿載而歸，累得要死，也搬不了「天朝」的幾座金倉銀庫。

最可嘆的還是有些滿洲貴族，他們卻認爲英法聯軍的入侵，對大清王朝是因禍得福。爲什麼呢？因爲在中國三千年的帝國專制史上，首都淪陷，不是亡國，便是改朝換代。哪有像英法聯軍攻佔了京城，最後只簽訂了幾件「文書」，便率數退走！——歷史上哪有這樣輕鬆的事？

再者，簽了幾件文書，不但夷兵全撤，而且「英夷」還能效忠朝廷，派戈登將軍來華訓練「常勝軍」，助剿「髮賊」，消滅叛逆。——天下哪有這等便宜事？

朋友，在你我看來，清廷在英法聯軍之後所簽訂的那一系列的〈北京條約〉，是何等喪權辱國？——在這些條約保護之下，英國人打開中國內地市場，並在全國各地大量「公開合法販賣鴉片」，大發毒財！俄國人也拿走了我們的東海濱省（包括海參崴）和整片外興安嶺以東的西伯利亞！這塊土地與我們長城以南的十八行省的面積幾不相上下！

可是這些損失，對那時享福深宮的小懿貴妃，和後來「垂簾聽政」的東西兩個小太后，實在太遙遠了，何關痛癢？

所以這第一次首都淪陷，對這些滿洲貴族，教訓不大。相反的，他們反掉以輕心，認為北京淪陷的結果，也不過如此而已。

在中國近代史中，我首都第三次淪陷，便是我們及身而見的，發生在一九三七年冬季的「南京大屠殺」了。日軍於是年十二月十三日攻破我首都南京之後，時未迭月，入侵日軍竟一舉屠殺我俘虜軍民三十餘萬人。誰知他們血跡未乾，汪精衛所率領的一群漢奸，竟然又搞起「還都」和中日親善來。其後五十年來，國共兩黨政府為著討好日本財閥，對我當年死難烈士也未嘗作一日之祭——是何心肝？以後當闢專篇詳論之。

防守東交民巷的八國洋兵

庚子（一九〇〇）年首都淪陷，是三次中的第二次，所謂八國聯軍進北京是也。

他們這八個帝國主義對中國這頭肥羊的爭奪，彼此之間本是劍拔弩張，互不相讓的；而他們這次竟能通力合作，聯合出兵攻打北京，實在也是顢頇昏瞶的滿族親貴自己惹出來的。語云：「國必自伐而後人伐之。」這次國恥便是很標準的國人自伐的結果。我們如何「自伐」，上篇已詳論之。本篇再看看我們「被伐」的慘象。

原來在一九〇〇年春義和團自山東漸次北移時，北京東交民巷裡的列強使館已開始緊張起來。英美德法日等大國駐華公使紛向各國政府及各該國駐華海軍，要求派兵保護。

按當時（乃至今日）的國際慣例，使領館的安全，原應由駐在國政府負責的。聚居北京東交民巷一帶的十一國使館，理應由中國政府派軍警保護。但是拳亂一起，外國公使對中國政府失去信心。——我們今日回看，這實在不能厚責於他們。我們確實是太落後、太野蠻，外國人對我們才失去信心的。君不見前篇所述日本的杉山書記官和德國的克林德公使，不都是死於街頭？

洋公使們既然對淸方保護不存希望，他們駐在天津一帶的水兵就奉命前去北京擔任守衛了。洋水兵開往北京保衛使館，按國際法是侵犯中國主權的，所以中國總理衙門裡負責官員徐用儀、聯元等人曾親往各國使館抗議（見美國國務院檔案）。可是徐、聯等人後來連自己腦袋也保不住，怎能怪洋人對他們不信任呢？——據說某次英國公使親往總理衙門交涉，而接見他的兩三位大臣之中有一位可能太胖太老了一點，天氣又熱，他老人家竟在接見當場中打起鼾來。英公使曾引為絕大的侮辱。然幾經磋商之後，總理衙門終於答應各國公使可自帶警衛，惟每國以三十人為限。

中國政府既已讓步，各國在天津的水兵就準備前往北京了——他們自己之間的協議則是各遣水兵一百人。但是各國在津水兵又多不足額，俄人只能派遣七十九人，乃又相約最高額以水兵七十九人為限。八國派往北京人數如下：英國七十九人；俄國七十九人；法國七十五人；美國五十三人；義國三十九人；日本二十四人。

以上六國警衛於五月三十一日乘火車入北京。另有德國水兵五十一人；奧匈士兵三十二人，則於六月三日抵京。另加軍官十九人。所以當使館被圍攻時，各國共有武裝警衛四百五十一人。其中軍官二人率水兵四十一人被派往守衛北什庫教堂。餘眾則是保衛使館區的全部武裝了。其中英、美、奧、義四隊，各攜重機槍一挺。——這支擁有「後膛鋼槍」四百餘支，加重機槍四挺的東交民巷衛隊的實力，在那時也不算太小。所以董福祥那支土軍隊屢攻不下，也在李鴻章意料之中了。

這支八國拼湊的小衛隊，原來也是各懷鬼胎的——尤其是俄國，其志不在京津，而在東北。它一貫的策略是在北京做和事佬，故示好感，以換取它對中國東北的掠奪。所以它這次派來的七十九人，運來大量火藥，卻少攜槍枝，更無機槍；而它那批「俄國造」的大口徑彈藥，對其他各國的警衛，都不適用。狡猾的俄人是擺個姿態給滿大人看的，而滿大人（如端王）卻一無所知也。

日本與俄國原是水火不容的。此次日本水兵只來了二十四人。書記官杉山彬嫌其太少，六月十一日他就是出城去探望援軍，在半途碰著甘軍，才被無辜妄殺的。

大老粗董福祥、糊塗蛋的滿族親貴，哪知道「老毛子」、「大毛子」、「天主教」、「基督教」也是種類繁多的呢？把所有「毛子」一鍋煮，則東交民巷裡的毛子居民，大家不分南北，也就一道的同生共死了。

他們這支小衛隊總算來得其時。全隊抵北京後不及一星期，日本書記官杉山彬就被殺了。再過九天德國公使克林德也陳屍街頭。克死不足二十四小時，慈禧就下詔對十一國宣戰；董福祥的甘軍就圍攻使館了。沒有這支小衛隊，恐怕十一國公使和他們的館員，以及在使館區避難的數千名「二毛子」和百十個外國傳教士，都要慘遭屠殺了。上篇已提過，那時的義和團紅衛兵，和他們的頭頭四人幫的殺人，心不慈、手不軟，是毫無理性的。

七拼八湊的聯軍先遣隊

在北京使館告急之時，原駐天津的各國領事，和在大沽口外游弋的各國海軍將領也召開了緊急會議，商討組織「聯軍」，開往北京增援。幾經會商並由各國政府批准，他們八國終於組成一支擬開往北京的增援部隊。這支援軍包括英軍九一五人，德軍五四〇人，俄軍三一二人，法軍一五八人，美軍一一二人，日軍五十四人，義軍四十人，奧匈軍二十五人。共計二千零六十六人。公推英國海軍司令西摩(Admiral Sir Edward H. Seymour)統一指揮，並於一九〇〇年六月十一日搭火車前往北京，保衛使館。

但是這支浩浩蕩蕩的兩千夷兵聲勢太大了。天津四郊拳民乃紛起阻遏，並把鐵軌拆毀。直隸總督、北洋大臣裕祿也下令聶士成統率的武衛軍前往圍堵。聶士成原是淮軍猛將。他所統率的這支國防軍也是配備有重機槍的精銳部隊。聶軍對義和團原極憤恨。月前奉調鎮壓義和團時，曾有一次槍殺拳民五百人的血腥紀錄，而為在北京當政的端王、莊王所嫉視。可是這次奉命阻遏入侵洋軍，他更覺義無反顧。——聶軍門原是一位烈性漢子，守土有責的國防將領嘛！因此西摩聯軍剛出發至天津西郊的楊村時，它就被義和團和聶軍包圍了。聯軍要突破圍圈，戰爭也就一觸即發了。

義和團原自誇是「刀槍不入」的。聶軍乃把他們調上前線去衝鋒。結果在敵軍機槍之下，血肉狼藉。掉頭逃跑，又爲聶軍所阻。在兩面機槍對掃之中，這批可憐的鄉民死難之慘，實在筆難盡述。

義和團這群烏合之衆被屠殺殆盡，敵我兩方的正規部隊就短兵相接了。事實上西摩這支聯軍也是個七拼八湊的混合武裝。西摩自己又是位海軍將領，怯於陸戰，而聶士成卻是個視死如歸的戰將。強將之下無弱兵，因此雙方在一番鏖戰之後，西摩便陷入重圍。只有招架之功而無還手之力。進退維谷，只好就地苦守待援。

一場國際輪盤賭

西摩之挫，驚動了八國政府，其時在大沽口外待命的列強海軍也慌了手腳。他們在六月十日以後與北京使館的電訊已失聯絡；十四日以後西摩亦不知存亡；十六日以後，他們與天津租界領事館信息也全斷。各國海軍將領會商之後，就自作主張了。

從純軍事的觀點著想，這批洋司令很自然的會想到，他們應該組織個聯合艦隊，先佔領大沽砲台；從而進軍天津，以解西摩之圍。西摩之圍既解，他們更應組織強大聯軍，推向北京，庶可拯救命在旦夕的各國公使。事實上其後八國聯軍的動向便是循著這條邏輯發展的。只是當事各國互相猜忌，想渾水摸魚，又不敢冒進。他們要搞個統一組織，亦殊不易。

我們貴國原是蘇秦、張儀的老家。那時我們如有個把得力的蘇、張之子孫，虛虛實實，來把他們挑挑撥撥，合縱連橫一下，毛子們的「聯軍」也就很難實現了。無奈斯時京中當國的老太婆，事急了只會哭哭鬧鬧；要不就拚命「唸咒」——慈禧和李蓮英據說一天要唸能夠千里殺人的靈咒七十遍——希望把英國的維多利亞女皇、德國的威廉大帝……通統咒死。而圍繞老太后的那批親貴「四人幫」，又是一批魯莽滅裂、毫無現代常識，只知在國際賭場要賴的糊塗蛋。

中外的賭場英雄好漢之間，都有一句大家共同遵守的賭規，叫做「賭奸、賭猾、不賭賴」。二次大戰臨終時，史達林在雅爾達那場「沙蟹」裡，一槍未發，便取得大戰後在遠東最大的勝利果實——外蒙「獨立」、旅大租借、東鐵分享、北韓專佔——這是史魔「賭奸、賭猾」的結果，但是他沒有「賭賴」。一九五七年「反右」，毛主席光榮正確偉大地提出保證：「言者無罪、聞者足戒！」可是後來他盡食前言，把大嘴巴的「言者」，一個個抓了起來，下放勞改。或有「右派」抱怨主席搞「陰謀」、「食言」。毛說這不是陰謀；而是「引蛇出洞」的「陽謀」！這就是百分之百的「輸打贏要」的耍「賴」了。毛主席不賭奸、不賭猾，而賭賴者，是他老人家「坐莊」，賭本大。雖然在賭場上做無賴，為江湖好漢所不齒，但是他總算沒有「打鍋」。最後通吃全場，席捲而去。——自得其樂也；無賴云乎哉？

可嘆的是庚子年間，那些圍繞在西后周圍的一群以端王為首的親貴小賭棍。他們霸佔了總理衙門，擠入國際輪盤大賭場，卻不知如何賭法。——既無賭術、又無賭品、更無賭本，只知亂下賭注，瞎賭一場。

那時我國駐外公使，例如駐美的伍廷芳、駐俄的楊儒、駐英的羅豐祿、駐德的呂海寰等等，都是第一流外交官。可是端王霸佔下的總理事務衙門（外交部），對他們卻一無指示。在北京當權的那一夥只知督促董福祥向使館放砲開槍，在外交上，他們簡直是一群白癡。因此我駐外使節向政府請訓的不是中央政府的外交部，而是地方上的三位總督：廣州的李鴻章、武昌的張之洞，和南京的劉坤一，而這三位總督大人的意見也各是其是。李鴻章看重俄羅斯；劉、張則傾向英、日。外交上既不能統一指揮，使領人員縱有蘇、張之才，也是枉然。

聶士成、裕祿相繼殉國

現在再看看圍繞賭枱邊的八大洋賭客，是如何下注的。

前節已言之，他們防衛使館、攻打大沽、佔領天津、進軍北京，都是要採取聯合陣線的。但是諸夷猾夏，他們彼此的利害是永遠衝突的。在正常的情況之下，他們是無法聯合的。他們此次之所以能密切合作者，端王、莊王爲淵驅魚，導之使然也。

當大沽砲台於六月十七日被聯軍攻佔之後，我津沽藩籬盡撤、海道大開；列強援軍，遂源源而來。在陸上重行組合之後，聯軍就首解西摩之圍（六月二十三日），再與各國租界取得聯絡，就進逼天津城郊了。拳民鳥獸散，直隸總督裕祿乃飭提督聶士成，指揮武衛前軍奮力抗拒。

士成於此役之前，曾受朝臣歧視，被「革職留任」。但是在七月九日拂曉，當敵軍以強烈砲火向其天津南門外八里台陣地猛撲時，彈下如雨。士成兩腿均受槍傷，猶督兵不許稍退。營官宋占標勸其稍避而士成「奮不可遏」，仍復持刀督戰。直至兩腮均被敵彈洞穿，頸側、腦門等處均受重傷，直至臍下寸許亦被砲彈炸穿，「腸出數寸」，終於壯烈殉國！營官宋占標亦隨同殉難。（見《義和團檔案史料》上册，頁二七七。）眞是慘烈無比。

但是將士的英勇並不能彌補朝臣的誤國。天津城終於七月十四日淪陷。入侵聯軍縱兵大掠，死人如麻。直隸總督裕祿則率領一些殘兵敗將，退往北倉。迨入侵聯軍再度發動攻勢時，裕祿遂在軍前自殺。

裕祿雖然也是當時政府中的一個腐化的官僚。然自知守土有責，兵敗之後，憤恨自殺。自古艱難唯一死。裕祿的殉國，較之三十六年之後，棄城潛逃，置數十萬軍民於不顧的唐生智，則可敬多矣。——此是後話。

面對「人民戰爭」的威脅

入侵聯軍既佔天津，他們乃於租界之外，另成立一個傀儡政府來徵稅徵伕。這個組織的中國名字叫做「暫時管理津郡城廂內外地方事務都統衙門」（簡稱「天津都統衙門」），英文名字叫Tientsin Provisional Government（簡稱T. P. G.，原義爲「天津臨時政府」）。天津原有英法德日四國租界，而此一臨時政府的組合只有英日俄三國委員。美國的缺席顯然是基於它的一貫政策：中美既非「交戰國」，美國即不應參加佔領軍政府。德國之自外，蓋別有打算。因德皇正在向各國要求，以德人爲聯軍總司令也。法國可能亦另有主意而不願參加。總之當時的聯軍當軸是同床異夢，各不相下的。在他們聯合打下天津之後，如何進兵北京，也是各有打算。只是其時義和團雖然雷聲大、雨點小，不堪一擊，但它究竟是個群衆運動，華北遍地都是。入侵八國都不敢掉以輕心。所以他們才始終抱住「聯軍」的組織不放；蓋其時沒有一國，乃至二國或三國聯軍能具有直搗北京之信心也。——「義和團」洋人呼之曰boxers（拳師），是有他們的群衆基礎的。這一群衆基礎，不但使老太后認爲「民心可用」；它也頗能嚇唬洋人的。

當八國聯軍的頭頭，在天津會商如何進軍北京時，他們面對這個浩蕩無邊的群衆大海洋，也確實有過絕大的顧慮：萬一這個廣大無邊的群衆組織，眞要對他們來個「人海戰術」；來個「農村包圍城市」；來個「敵進我退、敵退我進、敵停我擾、敵疲我打」；來個逢山築寨、遇水燒船、圍援打點、過河拆橋……他們區區這小撮洋兵，也確是無能爲力的。加以時值盛暑，我們那群久已習慣與蒼蠅、蚊蟲、臭蟲、跳蚤、老鼠同居的義和團廣大群衆，免疫能力又都是天下無敵；而那些以現代化衛生清潔自炫的洋兵洋將，一旦碰到我們這些小動物同盟軍，無不上吐下瀉、頭昏目眩，甚至醉臥沙場，永不西歸……。

因此，在天津舉行的攻打北京的參謀會議裡，入侵聯軍的將領一致認爲，進軍北京若無十萬八萬之衆，任誰也沒有必勝的把握。戰而不勝，那他們被困在北京千百個人質的性命，就定然不保了。（見摩爾斯著前書卷三，頁二六四～二六八，所引各國原檔。）但是哪裡又能湊出偌大的兵力呢？摸摸底子，他們原來也是一群紙老虎嘛！

帝國主義是「紙老虎」

尤其是當時主意最多、顧慮最大的帝國主義大領班的英國，困難也是入侵諸國之最。英國這時爲著搶奪南非金礦，正在該區與荷蘭移民所建立的兩個殖民地小國，大打其「波爾戰爭」(Boer War)。波戰發動於一八九九年冬，歷時兩年，是英國在拿破崙戰爭之後、一次大戰之前，所捲入的最大的一場國際戰爭。一九〇〇年春夏之交，極其野蠻的英國征波之戰，頗不得手。那時年方二十五歲的邱吉爾亦在南非軍中，竟爲波爾所俘（「波爾」荷蘭文義爲「農民」），幾遭不測。而這時的西摩又爲東方的「波爾」所困；其後進軍北京，更有幾百萬波爾在等著他們。因此英國這時侵華也是眼大於腹，手忙腳亂。它除掉勉強調出正規軍的四連砲兵來華之外，再無兵可調。侵華武力就全靠它在印度殖民地中所訓練的「紅頭阿三」（錫克兵），和它在威海衛所訓練的少數中國僱傭兵（僞軍）了。

美國原無作戰之心。美軍之最後入夥，實在是康格公使喊救命喊來的，而美國亦無多兵可調。這時美國與西班牙的戰爭剛結束；麥金萊總統無意中竟然搞來一塊燙手山芋的菲律賓，也正是手忙腳亂，不知如何處理呢！在中國方面他就多一事不如少一事了。但是康格被困北京，命在旦夕，又怎能坐視不救呢？——美國對入侵北京之戰，原是勉強加入的。

前段已言之，德、義兩國原是十九世紀的帝國主義的後起之秀。尤其是德國，野心無限、手腕毒辣，然究竟是個新手；夾於衆老牌之間，想後來居上，亦殊不易。這次在天津，它的主意是率領強大兵力，居諸寇之首。要不那就乾脆不參加，以待強大後援。

——它不願像義大利那樣：無兵可出，僅派幾十名小卒，扛了一面大旗，追隨諸強之後，狐假虎威，以表示自己的存在。——德國既不想學義國，則庚子年攻破北京的實際上只是個「七國聯軍」。

聯軍的統帥瓦德西(Count von Waldersee)，只是在七國聯軍攻破北京（八月十四日）之後的兩個月零三天（十月十七日），才率領七千德軍，匆匆趕來北京，直入禁城，住入慈禧的儀鑾殿來耀武揚威的。這時七國聯軍在北京姦擄焚殺的高潮已過。——哪輪到當時在北京當妓女的「狀元夫人」賽金花姑娘來丑表功呢？這自然是題外之言。

狡猾而貪婪的法俄日三國也深知打下北京，他們除能分點金銀財寶之外，其他別無好處。他們的眞正油水，是在他們個別的「勢力範圍」之內——俄在東北西北；法在西南（滇桂黔川四省）；日在閩南，尤其是廈門。在這些地區渾水摸魚，則中國這潭水就愈渾愈好。如果這支「聯軍」一旦把北京打下；再由以英美爲首的十一國列強組織一個遠東聯合國，來把這潭渾水濾清，共同監管這個「次殖民地」，那就扒手止步了——事實上，這時英美兩國的外交水鳥，就正在向這一方向滑行。是所謂以「領土完整、主權獨立、利益均霑」爲原則的「門戶開放」政策也。——「門戶開放」者，非要中國開放其門戶也。大清帝國那時還有資格「關門」？門戶開放者，是英國這個既得利益的老流氓，利用一個拳大膀粗而頭腦簡單的美國「牧童」(cowboy)喝令其他新強盜小扒手，不許他們在中國亂劃勢力範圍之謂也。——下篇再詳論之。

總之，他們八國這次在天津開會，商討進軍北京的計畫是英美德法義均感兵力不足。能無限制出兵者唯日俄二國，而此時日俄的援軍已源源開來。這一形勢，在老謀深算的英國政客看來，等到日俄增兵十萬，聯合佔領了北京，其情況豈不比義和團更糟哉？——所以他們就決定置之死地而後生，不等日俄和德國的大批援軍入境，便冒險向北京進攻了。

這支小小的「七國聯軍」原是個紙老虎嘛！可恨的是我們既有的數十萬刀槍不入的義和團，卻只是個包著火的紙燈籠。——這樣則七國聯軍便長驅直入，勢如破竹了。更可嘆的則是我們那些天才游擊專家：劉伯承、林彪、毛澤東、武元甲、胡志明……這時都還在放牛牧豕。他們要早出三十年，哼！定叫你七國夷兵，片甲不還！

〔附註〕我們寫中國近代史的人不能把李承晚、胡志明、武元甲、李光耀等民族英雄，視爲

「異族」。中國自古便不是個單純的「民族國家」(nation-state)；他們也不是像三保太監那樣的外族移民（不信你去翻翻他們的族譜）；他們是慈禧太后遺棄的孤兒。筆者不學，便有心爲他們在國史中立傳。

一萬六千名雜種雜牌軍

上述七國聯軍在他們佔領天津之後，很快的便組織起來了。總人數約一萬八千八百人。各國分配人數和司令官姓名如下：

日軍司令官山口率官兵八千人；

俄軍司令官林湟維區(Linievitch)官兵四千八百人；

英軍司令官葛司利(Gaselee)官兵三千人；

美軍司令官俠飛(Chaffee)官兵二千一百人；

法軍司令官弗蕾(Frey)官兵八百人；

奧國掌旗官兵五十人；

義國掌旗官兵五十三人。

上列各國入侵官兵人數原只根據各國司令官之自報，與實數相差甚大。而英軍三千人中只有四連人是來自三島的英國官兵；其餘則係以印度錫克兵爲主的殖民地雜牌軍。法軍的主體則爲徵發於安南（今越寮柬三國）的僱傭兵(annamese tirailleurs)。七國之師總人數蓋不過一萬六千人。（此七國聯軍總人數，史家各有異說。拙篇則根據摩爾斯前書，卷三，第十章，頁二六〇～二八八中所引諸史料。相對之下覺摩氏所採較篤實也。）

在這個國際武裝大拼盤裡，誰也不服誰。所以他們沒個總指揮。大家開會打仗。各軍首於運河兩岸佔好位置；向北對清軍防地分進合擊。八月五日清晨一聲砲響，這個各自爲戰的入侵聯軍就開始進攻了。

這時中國方面唯一的戰將聶士成已死。武衛軍由馬玉崑、宋慶所統率。馬、宋均是清軍中腐化的舊式軍官、甲午戰爭時的敗將，畏日軍如虎。何況這次八千日軍之後，還有上萬的紅毛軍、黃毛軍呢！所以雙方一經接觸，清軍便陣腳大亂，一潰不可收拾。潰軍與拳民並趁機大掠。入侵聯軍雖非勁旅，但是防軍太差，兩相比較，他們就追奔逐北，大顯神威了。清方馬、宋兩將逃之夭夭。自覺守土有責的裕祿便在亂軍之中自殺了。時未數日，入侵聯軍便進佔通州。沿途姦擄焚殺之慘，固無待多述矣。

爲李秉衡平反

在這場爲時不及兩週的抵抗七國聯軍的戰鬥中，清廷上下可說是窩囊之極。在這群窩囊貨色中，值得一提的，反而是當年在山東的始作俑者，企圖組織義和團的李秉衡。

李秉衡（一八三〇～一九〇〇），號鑑堂，奉天（今遼寧）海城人，是張作霖的小同鄉。早年在清朝地方政府做小官。但此人十分廉潔耿直而勇於任事。曾爲清議所嘉許。一八八五年中法之戰時，他署理廣西巡撫，與馮子材合作，曾打出個「諒山之捷」的小勝仗，頗爲輿論所頌。一八九七年曹州教案之前，李是山東巡撫，升任四川總督。就因教案爲德國反對而去「督練長江水師」的。前文已有交代。

據毓賢說，義和團之起實是他和「鑑帥」搞起來的。——從歷史家絕對公正的立場持論，一位地方官爲他所負責治理地方人民的幸福，把當時四處皆是民間自衛會黨、團隊，加以官方約束，納入正軌，有什麼不對呢？試看二十世紀中期的國共兩黨，尤其是共產黨，不都是如此的嗎？朱德、賀龍、劉伯承……不都是從幫會出來的？至於孫中山是洪幫，陳英士、蔣介石是青幫；張作霖是鬍匪……歷史家也不應對他們亂作人身的譏評。

義和拳是一個有最大群衆基礎，而燒香迷信、雜亂無章的民間會黨。「鑑帥」要把他們有條有理的組織起來，有何不好？不幸的是時代未到；那個腐爛的朝廷，不具備組織群衆的條件；更無學理足資遵循，群運就出軌了。——朋友，再晚生數十年，他們就是「中共」和「越共」呢！越共那一群土包子，有了新式的組織，就能打得法帝集體投降、美帝落荒而走。——李秉衡的悲劇是時代未到，他做了時代的犧牲品罷了。

庚子之夏，天津旣陷。西后大慌，乃向東南各省檄調勤王之師。這時東南三督認爲老太婆咎由自取，袖手不管。可是此時在「長江督練水師」的李秉衡這位耿直的東北佬，忍不住了。他認爲他要「勤王」；勤王不成，就應死節！

秉衡原是在長江流域參加「東南互保」的。在此最後關頭，大可安居華南，自保身家。可是這時他不顧自身安危，便隻身北上了。當此兵臨城下，朝中無主謀，太后親貴亂成一團之時，秉衡之戛然出現，眞是黑暗中一盞明燈。其後中外史家都把李秉衡看成個死硬主戰派。其實李氏並不像端王、莊王那樣糊塗。他知道中國斷難對抗八國之師。但是權衡當時雙方的作戰能力，他在七月二十六日覲見太后時，認爲「能戰始能和」。他主張「以兵法部勒」義和團群衆，堵住洋兵入京，始能言和。（見《庚子國變記》諸書）——這一點李秉衡是過分的自信了。他如眞能「以兵法部勒義民」，他就是共產黨了。共產黨在他那個時代出現，就未免太早了。但是秉衡言之有理；兵法聽之可信。老太后聞言大喜，乃把京郊幾支沒用的武衛軍撥交秉衡統率，趕往天津堵遏聯軍。誰知他以卵擊石，潰不成軍。直至兵敗通州，他目睹清軍不戰自亂的情況，氣憤之極，就決定一死了之。

秉衡於八月十一日在通州張家灣自殺之前，曾留有遺書說：「軍隊數萬充塞道塗，就數日目擊，實未一戰」，而巨鎭小村均焚掠無遺。「身經兵火屢屢，實所未見。」他自覺「上負朝廷，下負斯民，無可逃罪。若再偷生，是眞無心人矣。」（見《義和團史料》下册，頁六四六。）

李秉衡是當時抗戰清軍的主帥。兵敗通州，他原可退保北京；北京不守，他仍可護駕西行。但是他是條漢子，戰局如斯，他沒臉皮來忍辱偷生，甘作敗將。他選擇了主帥在陣前自殺的行爲，至少還爲我們中國男兒留點骨頭！

李秉衡是我們中國近代史上，大敵當前而臨難不苟免的極少數民族英雄之一。「寄語路人休掩鼻，活人不及死人香！」秉衡應該是名垂青史的！——洋人後來把他列爲「戰犯」；我們歷史家應該承認他是民族英雄。

徐家十八位女眷集體自殺

秉衡按體制、按官階，都是當時前線清軍的主帥、抗戰將士的靈魂。主帥一死、靈魂全失。兵敗如山倒，雄偉的千年古都，就再度陷敵了。

前節已言之，七國聯軍攻北京，是靠開會打仗的。他們在天津開過第一次戰略會議。第二次會議按第一次的議決案，是在通州舉行的。他們於八月十二日攻破通州姦擄焚殺了一天，也開了一個會。決議分配了各軍分進合擊的部位，和攻入北京後，各侵略軍在北京內外的佔領區。——可是子女玉帛當前，先入關者爲王。十三日夜半曾鬧出諸將爭功的醜劇。尤其是俄軍想搶先入城。誰知他們低估了北京城牆的高度，屢爬不上；卻

被隨後趕來的英軍從水門爬入而佔了「首功」。（見同上）

庚子年八月十四日（陰曆七月二十日）七國聯軍攻破北京，對北京市民尤其是婦女，是一場血腥的浩劫。最可恨的是當入侵聯軍迫近京畿時，那些土軍閥的滿族親貴載漪、載勛等人，竟把九門緊閉，使城內居民無法向四郊逃難和疏散。一旦洋兵進城首蒙其難的就是北京城內的婦女了。在那「失節事大」的宗法時代，婦女爲賊所污，則生不如死。所以洋兵一旦入城，發現每一口井內都有幾個女屍。至於懸樑服毒者，更是無戶無之。其中大學士徐桐的滅門之禍，雖只一例，然亦可見其餘。

徐桐大學士原是一位力主扶清滅洋的老進士。洋人攻入北京時，他自知不免就自殺了。他兒子刑部左侍郎徐承煜，則是西后殺主和五大臣的監斬官。北京陷敵時，他逃避不及爲日軍所捕，移交清方處死。（俱見《清史》本傳及時人筆記。）

徐氏父子之死可說是犯了政治錯誤的結果。可是當洋兵入城時，他們徐家竟有婦女十八人集體自殺。——上自八十多歲的老祖母，下及幾歲的女童，全家女眷，無一倖免。其中稚齡女童，年幼無知，怎會「自殺」呢？她們分明都是被長輩迫殺的。這些幼女何罪？——筆者握管至此，停筆者再。——遙想九十年前他們徐家遭難的現場情況，眞不忍卒書。

我國歷代當國者的誤國，所作的孽，實在太大了。夫復何言？

「賠款」而不「割地」也是奇蹟

聯軍既佔北京，分區而治。殺得人頭滾滾，其後又意欲何爲呢？

義和團之起，原是激於列強的「瓜分之禍」。如今闖下了滔天大禍——八國聯軍佔領了首都，中國已成爲八國共有的一塊大餅。大切八塊，各分其一，應該是不可避免的必然後果呢！

誰知大謬不然。老太后對十一國公開宣戰絕交，一仗之下，被打得大敗虧輸，逃之夭夭。誰知又一次因禍得福。首都淪陷之後，瓜分之禍，竟隨之消失。她闖下如此滔天大禍之後，竟然寸土未失。最後只賠了銀子了事，不能不說是外交上的一個奇蹟！

至於這項奇蹟究竟是怎樣造成的，那就說來話長了。

歷來我國治拳亂史者，甚少涉及外交；而專攻外交史者，亦不願鑽研拳亂。殊不知拳亂始於瓜分（所謂「勢力範圍」也）；而瓜分之禍亦終於拳亂。豈不怪哉？拙篇原非外交史，本想一筆帶過，然其中錯綜複雜的關係也波及內政；治政治史少掉這一外事專章，政治史就不是全貌了。讀者如不憚煩，下篇再把這場國際「沙蟹」，分析一番，以就教於高明。

＊原載於台北《傳記文學》第六十二卷第三期

五、「門戶開放」取代「列國瓜分」

「門戶開放」(Open Door Policy)這個名詞對每一個當代中國知識分子都是耳熟能詳的。它在中國近百年的歷史上連續發生了兩次。兩次都在中國這位老人家病入膏肓、九死一生之時，搶救了老人家的性命。

第一次「門戶開放」發生在十九、二十世紀之交的三年（一八九九～一九〇一）之中，正巧也就在義和團和八國聯軍大亂之時。它是由美國國務卿海約翰(John Hay, 1838～1905)和那位接著康格出任美國駐華公使，自稱「大美國駐華欽差大臣柔（大人）」的柔克義(William Woodville Rockhill, 1854～1914)二人全力推動的。

海、柔二人所全力推動的這次門戶開放，粗淺的說來有個四句偈的要義，那就是維持中國的「領土完整、主權獨立、門戶開放、利益均霑」。這條要義的推行，海、柔二公是爲著百分之百的美國的利益，美國資產階級的利益、資本家的利益，也是大美帝國主義的利益而構想的。他們並沒有對「支那蠻」(Chinaman)的利益想過半分鐘。相反的，在美國兩百多年的歷史上，這三年也正是美國「擴張主義」的最高潮。「門戶開放」和它原先搞「門戶關閉」的所謂「門羅主義」一樣，都是「擴張主義」的一部分。列寧所說的「帝國主義是資本主義的最後形式」，正是他對這段世界史深入的觀察。——在下是個以「筆則筆、削則削」自許的臭老九，絕不因老列的帝國主義也崩潰了，就對他打落水狗。

事實上，就在這個「門戶開放」年代，數十萬我們的旅美先僑，也正在最野蠻的所謂〈排華法案〉(The Chinese Exclusion Acts)壓迫之下，被整得家破人亡；夫妻兒女數十年不能團聚。我們的駐美公使伍廷芳是條漢子。爲著護僑，他不惜攘臂力爭。正因爲他是個第一流的外交官，美國國務院就對他作最橫蠻的杯葛和孤立，使他數年不能約見國務卿一次。一九〇五年在中國國內也爆發了全國規模的反美和抵制美貨的群衆運動。——那是一椿有高度理性的愛國運動；不是像後來紅衛兵那樣胡搞啊！

所以那時橫蠻到絕頂的美國統治階層，何愛於與禽獸同列的「異端支那蠻」（這是當年加州的〈排華法案〉上對中國移民的定義）。可是此次他們所推動的「門戶開放政策」，卻搶救了衰邁的大清帝國一條老命，使它維持了「領土完整、主權獨立」。——四人幫、義和團闖下了如此滔天大禍，結果我們全體老百姓只各賠紋銀一兩銷案！你說這不是異數？沒這個門戶開放，我們這個古老的「東亞病夫」，可能就要和無用的「歐洲病夫」(The Sickmen of Europe)的鄂圖曼大帝國(Ottoman Empire)一樣，被各帝國主義大卸八塊的瓜分了。

老美救了我們一命的偉大友誼，我們就應該泣血稽顙，感恩圖報哉？朋友，國際間哪有眞正的道義之交？大清帝國只是在各國的「利益均霑」的前提之下，與老美有點利害相同，也就無意中沾了點光罷了。當然，那時主持我們外交活動的東南三督李鴻章、劉坤一、張之洞也是功不可沒的。讓我們再回頭看看在八國佔領中的北京情況，和我們三位外交領導，是怎樣地撐持危局的。

長老會的牧師也佔領王府

前文已略言之，在一九〇〇年八月中旬，當七國侵華的雜牌聯軍一萬六千人，攻入北京時，他們是把北京分成幾個佔領區，各佔一區；留一區給他們的德國總司令和後至的七千德國兵來佔領。天道好還，這正和一九四五年蘇美聯軍分區佔領柏林一樣。只是他們尚未在北京城攔腰築道圍牆，把北京一分為二罷了。

讀者試想，那時我們的大清帝國是何等窩囊，竟讓一隊兩萬左右的雜牌洋兵，佔了北京，橫行華北？這些洋兵在北京姦殺擄掠，是橫行無忌的。那時軍紀最壞的是俄國兵——壞軍紀是俄國兵的傳統。二次大戰後，佔領我東北的正規蘇聯紅軍亦不能免。作家蕭軍就是因對這批老大哥的行為不滿而被毛澤東罰令勞改的。

庚子十月始趕到北京的德軍，其軍紀之壞也是無以復加的。他們和二次大戰時的日軍一樣，為對被征服者顯示威風，殺人強姦擄掠，都是不犯軍法的。可是庚子年攻入北京的日軍，倒頗為不同。那時的日本剛做了外黃內白的香蕉帝國主義。初嚐滋味、乍得甜頭；他們要自我表現，力爭上流，因此作戰爭先，擄掠落後，一時頗為他們入侵的友軍和本地華民，另眼相看。

入侵敵軍的爲非作惡，是可以想像的。可是原在東交民巷避難的上帝使徒，一旦重獲自由，居然也加入爲非行列，那就出人想像之外了。當東交民巷和西什庫大教堂一旦被解圍之後，數千教民在數十位外國傳教士率領之下，乃一哄而出，在七國聯軍於大街小巷盲目擄掠之間，他們對北京城內情況最熟，就擇肥而噬，作起有系統的掠奪了。就以那時原在北京傳教的長老會中青年牧師都立華(Rev. E. G. Tewksbury)來說吧！在聯軍入城之後，他居然也強佔了一座王府。這座王府的主人可能是個「世襲罔替」的親王，他府內有各組建築五十餘座，大得嚇壞人。但是這位小親王（根據史料不難查出）其時不過九歲，不可能與義和團有什麼關係；更談不上是什麼「毀教滅洋」的戰犯。但不論怎樣，那位僅有縣長資格的都牧師，就把這座顯赫的大王府（在今王府井大街一帶？）鵲巢鳩佔了。眞是羨煞洋兵、妒煞同夥。

在都牧師搬入王府之前，此處已遭洋兵數度洗劫。但是王府太大，數度洗劫之後都牧師還找到白銀三千多兩（那時與美金比值，大致每兩值〇・七四元）。單單這三千兩白銀就是個驚人的數字。因爲後來都氏又在盧溝橋一帶爲長老會購地興建一座郊區別墅，所費不過一千五百兩而已。

再者這五十座府內建築之內的家具陳設，各類名瓷和蘇繡湘繡的桌幃椅搭帳幔等物，所餘亦多。都氏竟異想天開地，擺起美國式的「跳蚤市場」，加以拍賣，大發其財。他的美籍友好，有的難免搖頭非議，而都牧師卻笑說是「上帝恩賜」。（見Marilyn Blatt Young, *The Rhetoric of Empire: American China Policy, 1895～1901.* Harvard University Press, 1968. pp. 191～193. 所引當時之第1手史料。此外本書作者所未及見的公私文件和國務院祕檔中亦觸手即是。）

這位老都立華牧師的兒子小都立華牧師(Rev. Malcolm Gardner Tewksbury)筆者亦曾有緣識荆。他是一位極可尊敬而熱愛中華的宗教老人，說得一口很標準的京片子。在五、六〇年代裡，不知替多少對華裔新婚夫婦用漢語證婚。所引《禮記》、《詩經》也可信手拈來。他老人家後來衰邁時，有次深夜爲黑匪毆劫，爬行回家。我們聞訊都趕去慰問。

都老和我們之間，教會內外的共同朋友極多。有的友好如看到上段拙文，可能覺得我應爲尊者諱。我自己則覺得無此必要。蓋人類原是「社會生物」(social being)，任何個體的社會行爲是擺脫不掉他自己生存的社會。拳亂時代在華的傳教士，他們目睹當時貪婪暴戾的滿族親貴的胡作非爲；目睹義和團小將的殘酷殺人。都牧師那時僅是位美國青年，在死裡逃生之後，對迫害他們的中國貪官汚吏的報復心情，原是不難理解的。再者，他們的行爲雖然也是擄掠，但與當時橫行街頭肆意姦殺的洋兵，究不可同日而語。更何況這些小故事都早經哈佛大學師生採爲博士論文之素材；而名垂世界文壇的大作家馬克吐溫，在其文集之內，對此也有長篇大論的專著。既然是舉世皆知的史實，我們就更不必爲華文讀者特意迴避了。

馬克吐溫仗義執言

上述這些故事除掉見貨心喜的人之本性之外，他們也有些不患無辭的理論根據。那就是既是拳亂的受害人，不特中國政府要對他們負責賠償；中國民間也有負責賠償的義務。他們不特要向政府索賠；也要向民間索賠。因此一旦入侵的聯軍大獲全勝之後，義和團銷聲匿跡，教士教民一哄而出，整個華北城鄉，就是他們的天下了。不用說城鄉各地原先被毀的教堂教產要勒令所在地區鄉紳士民集資重建，而所建所修者，往往都超出原有的規模。如有動產被掠被毀，則本地紳民不特要折價賠償，而所折之價，一般都超出原值甚多。被迫集資的華民，敢怒而不敢言，只有遵命照賠，誰敢說半個不字呢？可是美國畢竟是個民主國家，上有七嘴八舌的議員，下有無孔不入的新聞記者，更多的是專門揭人陰私、挖掘內幕的「扒糞作家」(muckrakers)。這些神職人員在中國胡來，很快就變成北美各報章雜誌的專欄。事爲大作家馬克吐溫(Mark Twain, 1835~1910，原名Samuel Langhorne Clemens)所知。他爲之氣憤不已，乃搖動大筆，在美國主要報刊上指名撻伐。教會不甘示弱，也組織了寫作班子，與馬氏對陣。但是事實勝於雄辯。加以他們的文筆又怎配與馬克吐溫交鋒呢？藏拙還好，抖出更糟。英語所謂「洗滌髒被單於大庭廣衆之間」(Wash dirty linen in public)。也可說是聲名狼藉，烏煙瘴氣吧！

最可笑的還有各不同教會之間的相互嫉忌與競爭。此種情況不特發生在華北，華中、華南亦不能免。尤其是「天主教」與「基督教」更是爲著爭地盤、爭教民、爭教產而吵鬧不已。他們彼此之間又都各自享有「治外法權」和「領事裁判權」。某次有位天主教的「神父」，綁架了一位基督教的「牧師」，鬧入中國官府，而中國政府既無權也不敢稍加干預，只是當他們之間吵得不得開交時，始試作和事佬；在雙方對立之間，兩面磕頭。

新舊教之間也勢成水火

在安徽宿松縣那時也發生一樁更可笑的偷竊小事而鬧入巡撫衙門裡去。原來宿松一座基督教堂失竊；其他財物之外，連教堂大門也被小偷拆去了。當地紳民誰有這吃老虎膽量來收購這些贓物呢？尤其是教堂大門，誰敢要？誰知道小偷有外交天才，他搞以夷制夷，乃把這副門賣給一個天主堂了。當宿松縣知事奉美國牧師之命，追贓捕獲了小偷，而發現贓物卻落在一位神父之手；這位中國縣太爺傻眼了；回報無能爲力。牧師不服，乃親向神父索取。而該神父則要他「備價贖回」。教堂豈可一日無門呢？牧師先生情急乃備款來贖；誰知神父認爲奇貨可居，又提高叫價，比他原付小偷的贓款要高出一半。牧師不甘勒索，不願多付。不付則教堂無門；二人乃大吵。可是天主教比基督教組織更嚴密，勢力更大。牧師縱有再大法理，不付錢只好開門傳教。

他二人吵不開交，那在一旁觀吵的宿松縣太爺，兩頭作揖，也解決不了。因爲他二人都有更高秩位，宿松縣七品小官，怎敢亂作主張？他本可以我們安徽人民血汗，代贖了事，但此例不能開也。

新教牧師吵不過舊教神父，乃具狀萬言，報向上海美國駐華總領事；總領事越洋報入華府國務院；為一副木板門，官司打了半個地球！向本國政府尋求公理之不足，牧師先生又具狀告向安徽巡撫。巡撫大人對華民固有生殺之權，對洋人的一扇木板門，他卻束手無策。——此事莊王、端王乃至西太后都不敢碰，你小小安徽巡撫算個鳥？

至於這副木板門最後主權誰屬？讀者賢達如有興趣，不妨去一搜盈篇累牘的美國國務院老檔，自可找它個水落石出。筆者不學，然十多個小時的工作時間，究比一副老板門值錢，所以就不想打破砂鍋去問到底了。但是還要嚕嚕囌囌說了一大堆者，也是因為見微知著。讓中外讀者們看看，我們那時作次殖民地的遭遇是多麼辛苦罷了。（見美國「國務院原檔」，一九〇〇年四月二十八日及以後，總領事古德納致華府國務卿報告書及附件。）

德軍肆虐，傳教士收保護費

以上所述各國神職人員趁火打劫已屬過分，更可惡的則是他們一不做二不休，還師法當時橫行中國東北的「鬍匪」和今日美國的（華裔越裔）幫派惡少，把華北村鎮劃爲「保護區」，向居民徵收「保護費」。因爲當時八國侵華的佔領軍，尤其是遲到了兩月之久的德軍正向京津四郊，鐵路沿線，南及保定府，北至張家口，西去紫荆關，竄擾不停。大小村鎮，稍不如意，便被冠以義和團殘匪罪名，恣意燒殺。當十月十九日部分南侵聯軍（美軍未參加，俄軍主力已撤離北京）奉瓦德西之命，進佔保定時，當地中國地方文武官員由署直隸巡撫廷雍率領，奉李鴻章之命，持白旗備厚禮，全體出城郊迎。（此時李鴻章已在北京。李於十月十一日抵京；瓦德西則於十月十七日抵北京。李較瓦早到一星期。）誰知聯軍甫入城便將廷雍逮捕。旋即自組一軍事法庭，以中國式的「三堂會審」的派頭，使罪犯袒跪庭前供認罪行，然後將廷雍及保定守尉奎恆、駐軍統領王占魁等三人當衆砍頭。道台譚文煥則被捕解天津，由洋人自組的都統衙門斬首示衆六日。其他小官小吏甚至無辜百姓被捕殺獵殺者，更無法統計。其後數月聯軍更四出竄擾數十次。（以德軍為主，法、義軍次之，英、美軍未多動。俄軍在直隸亦未動；在東北則攻佔未停。日軍在直隸未動；在南方則圖竊據廈門。俱見下節。）華北州縣騷然。

德軍四出，也提供傳教士發財良機。這就是所謂「保護費」或「保險費」了。他們四出由口頭或書面向鄉鎮勒索，出資者可保證不受洋兵騷擾。為著妻孥的安全，為著生命財產的保障，偷生於白色恐怖之下，戰慄華民，誰敢不罄其所有?!

以上都是鐵案如山的事實。筆者信手拈來若干節，只是冰山之一角耳。然縱是一鱗半爪，亦可聊概其餘。筆者試選一二之目的，只是想說明，歷史裡面的悲劇與善惡，都不是絕對的。一個手掌打不響，兩方面各有善惡。拳亂時代我們大清王朝內的貪官汚吏，昏聵糊塗，和義和團的畫符唸咒，其劣跡固罄竹難書。但是侵凌我們的東西帝國主義，也萬般混帳；不特他們的軍閥政客毒販奸商，罪無可逭；連他們專程來華勸人為善的上帝使徒，亦不無可議。如此則堅持「帝國主義不存在論」的中西學者，又從何說起呢？

歷史就是歷史，故筆者直書之。知我罪我，則由讀者公斷之也。

瓜分中國事小，瓜分英國市場事大

可是就當大清帝國首都淪陷，列強串謀，瓜分就在旦夕之際，所幸美國立場堅定，極力淡化此一國際戰爭。把它說成「拳匪叛變」(boxer rebellion)。洋兵來華，只是助剿拳匪，而保全了大清帝國的「領土完整、主權獨立」，對各國只賠點銀子了事。

美國何以心血來潮，搞起「門戶開放」這宗新花樣來呢？那就說來話長了。須知「門戶開放」這個東西原是英國貨。只是英國賣起來有些尷尬；乃假手美國推銷，而坐收其利。美國認爲有利可圖乃大推特推。結果變成個燙手山芋，欲丟不能，致使若干美國外交史家竟把它看爲「鑄成大錯」(a great blunder，見Samuel Flagg Bemis著《美國外交史》第二十七章)。

英國爲什麼要搞個門戶開放呢？本篇不能撈過了界來大談外交史。因此只想以最簡短的辭句，略事交代：在「鴉片戰爭」(一八三九～一八四二)時代，英國對中國的企圖是要把大清帝國造成「第二印度」。可是爲時已晚。在「英法聯軍」(一八五八～一八六〇)時，英國所搞的是政治與列強合作，經濟則大英獨佔。這一點英國搞得十分成功。從中日「甲午戰爭」期間（一八九四～一八九五）直至「八國聯軍」前夕（一八九九～一九〇〇），中國內河、沿海和對外航運的百分之九十及中國進出口貿易百分之七十都操縱在英商之手；而商品價值中百分之六十以上，又係英商經營和運載的鴉片毒品。

這種「毒品貿易」(drug trade)可能是世界經濟史上利潤最厚的貿易了。今日還是如此。「鴉片」是一種「黑色黃金」（烏金），只要有貨，不怕沒買主。吸毒者縱傾家蕩產、鬻妻賣子、盜竊殺人都是要全力搜購的。癮君子不可一日無此君也。庚子之前，中國對外開放貿易者共有三十五個港口之多。幾乎無一港口不是以英商爲主；也無一埠非煙毒瀰漫之區也。鴉片一項已足說明一切；其他商品，就不必多提了。

可是這種以英商獨大的中國進出口貿易，到一八九七年就受到嚴重挑戰了。前些篇已言之，自德人佔了膠澳，俄人佔了旅大，法人佔了廣州灣，英人自己也補佔了九龍與威海衛，與這些港口鄰接的中國腹地，漸次就淪爲列強的「勢力範圍」(spheres of influence)。在這些「範圍」之內，各列強始則強迫中國不許在各該範圍內，讓第三國揷手租借土地或築路開礦。次一步則各「範圍」就要逐漸被各列強劃爲「保護地」

(protectorate)。第三步則各列強就要各自建立其海關體制、關稅稅率和行政系統。如此一來，大清帝國就變成鄂圖曼帝國和波蘭第二。要被列強正式「瓜分」(partition)了。「瓜分中國」(cutting the Chinese melon)幾乎已成定局。

這一瓜分形勢大致說來是：俄佔滿蒙新疆。德國以山東爲中心，南向至吳淞口，北到秦皇島，西及西安和宜昌。法則囊括滇桂川黔四省和粵西。日則獨佔福建包括廈門。英國如參加瓜分，則可侵佔長江流域、粵東地區和西藏。

這一瓜分局勢之迅速形成，作爲倒楣的「炎黃子孫」不必談了；讀者試思，您如果是英國首相或美國總統，您作何感想？中國對外通商的三十五港口，二十一行省，蒙藏新疆地方，原來都是一強獨大的英國市場；對美貿易粗及百分之二十。其他列強對華貿易之總和則不及百分之十。如今這些小鬼竟然要把大清帝國瓜分！在英國人看來，他們瓜分的不只是中國而是大英帝國的市場——這市場有四萬萬消費者，值百抽五由英國管理的低關稅，無限供應的廉價勞工，開不完的煤鐵礦，建不完的鐵路，千萬以上呑雲吐霧的癮君子……，要讓這些小鬼來「瓜分」？他們瓜分中國事小，瓜分英國市場事大！因此，英國佬就要設法阻止他們來瓜分中國了。

要防止中國被瓜分，就要維持半死不活的大清帝國的「領土完整、主權獨立」；並取消列強劃定的「勢力範圍」。但是在老虎嘴裡搶肉，豈是易事？為此，老謀深算的英國政客就雙管齊下了：他們一面要積極設法阻止列強瓜分中國；一面又要積極參加列強瓜分中國的設計。庶幾阻止不成，大英帝國在華的利益，也不會落空！

為著不在瓜分行列中落伍，當法國正強租廣州灣時，英國就先強佔了九龍——其後遺症至今未了。在德國強佔膠澳、俄國迫租旅大時，英國又單刀直入，強租了威海衛。為防德、俄兩面夾攻，英國乃向德國暗示，絕不妨礙德國以山東為「勢力範圍」；英之強入威海衛者，防俄而已。但是它又於一八九九年四月與沙俄明訂條約（所謂Scott-Mouraviev協定），以長城為界，把兩國在華築路特權，一分為二；互不干擾。這些都是英國為瓜分中國設伏；但是它眞正的政策，則是要阻止列強瓜分中國。這樣它就只有遠渡大西洋去疏通對瓜分無份的美國了。

美國突然變成遠東強國

美國在二十世紀之前原非世界性強國，尤其遠東之強，雖然它在中國的貿易，遠在鴉片戰爭時已竄升至第二位。北美大陸是眞正的地曠人稀，資源無限。因此它的擴張主義者在大陸之內已忙不開交，無暇及於遠東也。可是當美國漸次進入太平洋，併呑掉夏威夷之時，正值中國甲午戰敗，免疫能力全失。後起的歐洲小帝國主義的德義兩國竟然也尾隨小日本之後對中國興風作浪（如前篇所述），並激發了義和團在山東之崛起，也引起歐洲列強對華作「強取租借地之爭」(battle of concessions)，因此，少數美國殖民主義者這時也沉不住氣了。他們主張也在中國沿海與列強搶奪殖民地。當時駐華公使康格(Edwin H. Conger)就是個積極分子。他向國務院一再建議，認爲美國如不乘機動手，將來會悔之已晚。他這一呼喚，美國國內原不乏答腔人。麥金萊總統心頭即忐忑不定；少數海軍將領則摩拳擦掌。他們心目中在中國的殖民地是：北自大沽、南及廈門，中間有山東的芝罘，浙江的舟山群島，和閩浙之間的三沙得一便可作「加煤站」(coaling station)。——那時美國海軍與商輪在遠東「加煤」，都要仰仗英國殖民地。老美心殊不甘也。

就當這極少數擴張主義者正在龍心不定之時，誰知天賜良緣，爲著古巴問題，美國忽然和西班牙打了起來，想不到這場爲時不過四個月的「美西戰爭」（一八九八年四至八月），西班牙這個老牌帝國主義竟如此窩囊，被美國打得一敗塗地。美國隨之解放了古巴，佔領了波多黎各（也使今日紐約變成了波人樂園）和關島，也使那擁有六千島嶼的菲律賓歸順於星條旗下。總之，一夕之間，美國就變成了世界強國，遠東政局因此也隨之徹底改觀了。

美國力量在遠東的異軍突起，對它國內的擴張主義者自然是個絕大的鼓勵。例如美國駐廈門的青年領事蒲安臣・約翰遜(Anson Burlingame Johnson)就興奮不已。約翰遜知道菲律賓的經濟大權是掌握在華僑之手，而菲律賓華僑主要來自廈門。如今美國既然佔領了菲律賓，如果再佔個廈門，建立一條美國掌握的菲華經濟之橋，把菲律賓接往亞洲大陸，那該多美?!自此以後，約翰遜就變成了廈門的守門之犬。庚子八月當日本人正想渾水摸魚，趁拳亂正烈之際，在廈門製造藉口，接著便派遣水兵登陸，以圖佔領廈門時，第一個攘臂而起大呼抗日的竟然不是中國人，而是約翰遜這個小帝國主義者。他終於夥同英國水兵，把日本人趕回大海。（見美「國務院原檔」一九〇〇年九月一日及以後駐滬總領事古納德致助理國務卿T. W. Cridler諸函及附件，並參閱Young著前書，頁一〇一～一〇二，一七五～一七九。）

小班超不識大利害

這些美國的小班超勇則勇矣，但是他們所作所爲並不一定得到國內輿論的支持。美國畢竟是個氣魄恢宏的民主大國。國內多的是帝國主義者，也多的是反帝人士。美、西之戰本是兵以義動。趕走胡作非爲的西班牙帝國主義；援救古巴出於水火。誰知美國海軍小將喬治杜威(George Dewey)竟如此英勇：他從香港帶了四條小艇，星夜趕往馬尼拉，三砲兩砲也把西班牙趕出了馬尼拉；轟燬敵艦十艘，自己竟未折一兵一卒！——乖乖，這個小班超也實在是英勇非凡。可是同樣的，勇將不得重賞。美國輿論和上下兩院卻認爲此舉是以暴易暴！美帝哪裡就比西帝更好？——所以麥金萊後來的併吞菲律賓法案，在參院只以一票多數通過。

再者這些小將的行爲也解決不了大選期間的政治問題（一九〇〇年麥氏正競選第二任）。麥金萊和他的共和黨當時（讓我且引用一句當今台灣的術語）是搞「金權政治」的，離不開大企業大財團和大地主。其時美國南部的棉紗紡織工業的主要市場——佔出口總量之半——便是中國。

〔附註〕清末民初之際那種又白又細又軟又廉的「洋布」，已徹底摧毀了我們已有三千多年傳統的「男耕女織」的農業經濟體系。農村破產，貧下中農就只好去加入白蓮教、義和團、大刀會和紅軍了。美國這時的大地主動輒佔地數萬乃至數十萬英畝。哪像我們眼皮淺的毛主席把十畝八畝地的小地主，也鬥得死去活來。

庚子年拳亂一起，中國華北東北大亂，半個地球之外的美國南部棉紡工業也隨之半數停產，損失不貲。縱使如此，一九〇〇年美製棉紡織品輸華總額仍有兩千三百七十四萬五千美元之鉅。（見Charles S. Campbell, Jr., *Special Business Interests and the Open Door Policy*. New Haven, 1951. pp. 10, 19～20.）較十年前增加一倍。

中國東北當時也是美國德州油商，當年的美孚公司，今日的洛克菲勒財團的市場。拳亂未起之前，美油已逐漸受俄油之排擠。拳亂一起，俄軍迅速自南北兩路侵佔東北。在北部它逼死黑龍江將軍壽山；在南部它迫令奉天將軍增祺（那位招安張作霖的滿族地方官）和它私訂終身，來個祕密的中俄地方協定，奪取特權，造成既成事實；然後再逼令李鴻章在中央追認。可憐的李中堂就是在衰邁的風燭殘年，被俄人活活逼死的。此是後話，見下節。

【附註】和中國地方當局私訂終身，然後再要中國中央追認，是沙俄赤俄通用的老辦法。君不見二次大戰時史達林對盛世才兄弟，對高崗，對張治中，對陶峙岳所用的手段不是與韋特諸公前後輝映；高崗丟掉腦袋還不是和史達林勾結的結果，——先提一下，以後自有篇章，再慢慢交代。

在那個「鍍金時代」(The Gilded Age)的美國，山姆大叔成了暴發戶，不但商品充斥，需要外國市場；他和比他更早發財的英國老大哥一樣，鈔票也多得一捆捆地無法使用。小暴發戶們有時會隨手用十元鈔票（值十三兩銀子）來點火抽菸；大暴發戶的鈔票堆起來，眞是燒也燒不完啊！——朋友，這是資本家暴發階段的普遍現象嘛！我們大陸上的左王們，開口閉口，什麼「資產階級的污染」。這些打赤腳出身的老八路，曉得個鳥。台灣的朋友多喝幾瓶XO，嚇唬嚇唬「老外」，也不值得大驚小怪。

美國當年的資本家，黃金美鈔多得受不了。國內消化不了，他們也要到國外去投資，他們不搞歐洲式的「殖民主義」去佔領疆土；他們要在海外投資，建立企業，修築鐵路，代替土地佔領。這時亞非拉落後地區的殖民地已被歐洲列強瓜分殆盡，只有中國還剩一塊完整的落後荒原有待開發。所以美國金融家、銀行家也就看中中國了。

就以鐵路大王哈里曼(Edward Henry Harriman, 1848～1909)來說吧！他老人家在庚子年間，一個人便掌握了鐵路六萬英里。比中國大陸今日（二十世紀九〇年代）全部鐵路總長還要長過一萬八千英里（一九九〇年中國大陸上鐵路總長度爲六七、五四九公里，合四一、九七三英里。見《大英百科全書・一九九三年世界年鑑》頁五八五）。那時還沒有飛機，哈大王要建築「環球鐵路」。中國這塊荒原一片，築起鐵路來，多過癮！說老實話，我們這片大沙漠，不讓哈王爺來築幾條鐵路也眞是罪過！今日美國如再出個哈大王，能來中國投資築路多好？誰知我們的「辛亥革命」就從「護路風潮」搞起的呢！當年有的美國人買錯了中國鐵路股票，迨人民政府成立時，他們還在鼓噪索賠呢！

再看看那家已發財三代的「毛根財團」有多少黃金美鈔？哈里曼築路需要鋼鐵；而鋼鐵則掌握在卡內基(Andrew Carnegie, 1835～1919)和毛根財團之手。老毛根(J. S. Morgan, 1813～1890)搞銀行發了大財之後，兒子大毛根（J. P. Morgan, 1837～1913

）花鈔票爲企業建立「美鋼」（USS，且看今日大陸上的「首鋼」、「寶鋼」、「安鋼」、「美電」（電話電報AT&T）、「奇異」（GE）等等，使這個王子變成王中之王。到王子之子，老王之孫小毛根(J. P. Morgan, Jr., 1867～1943)崛起時，他點鐵成金，加以收藏。一下把全世界黃金總儲量的百分之八十，裝入私人荷包！

朋友們知道嗎？全世界黃金總量沒有多少噸呢！我們如把全世界的黃金（包括你的金戒指和你夫人的金項鍊），通統放入矗立美京的華盛頓紀念塔之內，也裝不到頂呢！但是小毛根一人便擁有百分之八十的純金的華盛頓紀念塔，那也就夠嚇唬人的了！

試問小毛根搞這麼多黃金幹嘛呢？——吃喝嫖賭，討姨太？曰非也。小毛哈佛大學畢業。做了一輩子文學藝術的大護法，私生活相當高級而嚴肅。加以「日理萬金」忙不開交，哪有工夫作狎邪遊？或問：那麼做個大資本家，搞這麼多黃金美鈔，作何用場呢？

要解答這項哲學問題，你得回過頭去，問問咱們自己的老毛（澤東）：主席呀！您與天鬥、與地鬥、與人鬥……鬥垮了蔣介石，又鬥彭德懷、又鬥劉少奇、又鬥林彪……鬥來鬥去，「不鬥行嗎？」不鬥爲啥就不行呢？老毛患不己知，是無言以對的。

明乎此，朋友，我們就有接近眞理的解答了。原來「老毛姓社；三毛（毛根氏三代）姓資」。姓社的鬥的是「權」；姓資的鬥的是「錢」。社姓英雄說：「大丈夫寧可千日無錢；不可一日無權」；「有權便有一切，過時不候」！

資姓好漢也會說：「男子漢寧可千日無權，不可一日無錢」；「有錢便有一切，愈多愈好」！所以毛澤東和毛根氏祖孫三代，都姓毛，原是一家人。只是一個愛權，一個愛錢，大家都不一定愛國罷了。不幸老毛是生在一個「國家強於社會」的傳統裡，所以他只許政客搞權，而不許人民搞錢。國家要管制一切，弄得我們十億同胞都一窮二白。

三毛則是生在一個「社會強於國家」的傳統裡，所以他們只許資本家搞錢，而不讓政客攬權。——「最好的政府就是最不管事的政府」(The best government governs the least)嘛！政府不管事，因此就弄得盜匪橫行，娼妓滿街了。

所以姓社和姓資的原是一丘之貉。只許搞錢，不許搞權，固然有欠公平。但是只許姓社，不許姓資，也是照樣落伍。

可是本世紀初的庚子年代，美國是姓資的當家，麥金萊總統只是他們的馬前卒——他們只要全中國門戶大開做他們的市場；他們對他們自己的小班超在中國沿海搞小型帝國主義，認爲是違反國策；對俄德法日想瓜分中國，他們也是反對到底的。——他們所要的只是這個完整的中國大西瓜。光緒爺是否應該復政，在他們看來，也大可不必！他們看中的只是西太后亂政統治下的那個腐爛的大帝國；大清臣民只要每人多穿一條洋布褲子，就可保證他們紡織工人一輩子不會失業。你們小班超要佔領一兩個彈丸之地的「三沙」，徒具惡名，有個屁用！

段數高超的唐寧街外交手腕

這一種錯綜複雜的國際局勢，不特當時竊政中樞的滿族親貴，端王、莊王等一無所知；連康有爲、梁啓超、劉坤一、張之洞也一知半解。他們只知道英美對華政策比較溫和開明，不像德俄那樣窮凶極惡，就誤認爲英美是禮義之邦。他們也就變成親英美派的主力。英美對華何以滿口仁義道德，他們就知其然而不知其所以然了。余讀康子論英美文，固知聖人尚爲一老學究也。

可是天下事每每是「一物降一物」，若論十九、二十世紀之間的國際關係，則美國牧童就遠非倫敦唐寧街政客的敵手了。倫敦政客知道有關中國的「門戶開放政策」爲英國利益之必需；然英國一國絕不能對抗俄德法日等瓜分派的聯合阻力。所以唐寧街非拉美國下海不可。但是他們也知道美國朝野親英分子（如海約翰這一類今日所謂WASPs：白種盎格魯・薩克遜新教徒）固多；反英分子（如德裔、愛爾蘭裔及天主教徒等）亦復不少。怎樣使前者突出，後者緘默，這是一宗外交上的大藝術。

再者，門戶開放政策對英國固有「大利」，然亦有「小弊」。——門戶開放了，則香港九龍、威海衛、西藏和緬甸，開放不開放呢？爲大英帝國的最大利益著想，它如果能「只開放人家，不開放自己」，那就十全十美了。

朋友，大英帝國的外交政策，這時就向這個十全十美的方向前進。這就是近代國際關係史上的所謂「門戶開放照會之擬訂」(Writing of the Open Door Note)這一章的主要內容了。

門戶開放觀念之出現實始於當時已掌握中國海關四十餘年的總稅務司，英人赫德(Sir Robert Hart, 1835～1911)和他的助手黑卜斯萊(Alfred E. Hippisley)。英人於「英法聯軍」（一八五八～一八六〇）期間強奪了中國海關，原是一種破壞「條約體制」(treaty system)的非法行爲，曾爲當時美國駐華公使馬歇爾(Humphrey Marshall)所強烈反對。但是到一八九七年當德俄等國在中國強佔租借地，搞非法的勢力範圍時，英國人爲保護他們的既得利益，乃倒打一耙，反說他們破壞「條約體制」；英國因而要聯合美國，替中國主持公道，甚至爲中國助練新軍，來維護這個「條約體制」。——門戶開放的原始基礎便是從這個「維護條約體制」的觀念開始的。

長話短話。英國爲著促使美國支持英國政策，它首先是在親英的美國社團和政客中「造勢」（今日台灣政壇通行的術語）。一八九九年二月因有英國財界議紳貝思福(Lord Charles Beresford)在美國鼓吹門戶開放，英美合作的巡行演說。眞是天如人願，當他們正在造勢的中途，便發生了上述的「美西戰爭」，把全美政客和媒體的注意力都吸向遠東去。美國既佔有菲律賓、關島、夏威夷，英美如一旦攜手，則三洋（太平洋、印度洋、大西洋）、三海（黃海、南中國海和地中海）便是他們兩國的天下了。

美西戰後美國的擴張主義者氣焰薰天。他們也主動拉攏英國。英美攜手，則列強在遠東的均勢，就變成一邊倒。縱使俄德法日對中國仍有瓜分的企圖，英美二國只要消極的示意不參加，他們就得趕快住手；堅決說「否」，其他列強也就趕快表態——公開聲明對中國並無「領土野心」。這就使「門戶開放政策」從「維護條約體制」，升級成爲英美保險公司，擔保中國「領土完整、主權獨立」；甚至擔保胡作非爲的慈禧老太后，也不必向兒子「歸政」了。

在近代世界外交史上，英國是最重實際利益，最有遠見，其手腕也是最能屈能伸，恰到好處的。吾讀英國外交史，眞未見其有嚴重「敗筆」也。——縱使是後來的「慕尼黑」，那也是對一個有心理病態的獨裁者的估計錯誤，而非正常外交政策的失敗。

英國人搞外交之有如此高超的段數，我想是它全民族政治成熟的結果。他們搞國際政治發育最早；成熟也早。整個外交政策之逐步落實，是它全民族智慧的產品。不像美國專靠幾個鋒頭人物；或我們中國專靠幾個獨夫獨婦「一句閒話」也。

深沉的英國人都知道，膚淺的美國人都是有自大狂的。對中國搞門戶開放，是不能採取英國主動、美國追隨的Anglo-American方式；相反的，他們要搞個American-British的順序，使美國領先，英國追隨，則美國牧童就一馬當先，勇往直前了。

英國這一計「低姿態」玩得十分巧妙。果然在近代世界外交史上，海約翰就浪得虛名，變成「門戶開放先生」了。當海氏於一八九九年九月電送〈門戶開放照會〉至英倫時，唐寧街政客還半推半就地來個「有條件的接受」(conditional acceptance)呢！「

條件」者何？說穿了就是「只開放人家，不開放自己」。一般美國佬（包括若干歷史家！）都以爲英國支援美國政策而大樂；約翰黃牛亦以十全十美的收場而心滿意足。

朋友，和英國佬辦外交，要讀書呢！光和肥彭大人出粗氣、拍桌子，有個屁用！

李鴻章段數也不低

現在再回頭看看我們自己的蘇秦、張儀。

在庚子年間，我們這個腐爛的大清帝國，眞能在國際間縱橫捭闔，爲列強側目而加意防範者，還是那位老謀深算的李鴻章。

不才讀中國近代史數十年，深感近代中國堪稱爲「外交家」者，只李鴻章、周恩來二人。不幸周公受制於一個不學有術的暴君。因此他和一輩子稀泥而長才不展，庶民溝壑，眞國族之不幸。

李鴻章則在一個腐爛而癱瘓了的帝國體制之內，「與婦人孺子共事」（此語爲鴻章與俾斯麥對話時感嘆之言；筆者幼年聞之於曾爲李氏幕友的鄉前輩）。受制太多而難展所長，終以悲劇人物收場。周、李二人都是辦「外交」而受制於「內交」，夫復何言！

至於筆者曾爲之作傳的外交長才的顧維鈞先生，到頭來只能算是個不世出的「技術官僚」(technocrat)，博士幫首。其在歷史中浮沉，終難望李、周之項背耳！

鴻章在甲午戰爭時「以一人而敵一國」（梁啓超語），兵敗；全國詬怨竟集矢於李氏一人。拳變前夕，李被下放，避禍於廣州。拳亂既作，舉朝上下（包括鴻章自己），又皆知折衝樽俎，和戎卻敵，仍非李不可。因此自六月十五日起，匝月之間，懿旨聖旨詔書十下；促鴻章回京，撐持大局。這時長江二督張之洞、劉坤一也深知才有不敵。爲撐持此危局，必要時他二人寧願擁戴李鴻章出任民國大總統。事詳前篇。

鴻章此時一身繫國族安危。他在廣州奉詔時，華南震動。兩廣臣民和香港英督均深恐鴻章一去，華南將不免動亂而群起挽留。李氏自己當然也知道，此時朝中西后與滿族親貴四人幫沆瀣一氣。他這個「二虎」之首，一直被他們公開辱罵爲「漢」奸的「李二先生」，何能與這群無知而有權的「婦人孺子共事」？所以他在廣州遲遲其行。但是中國將來與八國媾和，鴻章勢必首當其衝，責無旁貸，因此他在廣州，對內對外都要大搞其「水鳥外交」（(duck diplomacy——水上不動，水下快划）了。

〔附註〕義和團所要殺的「二虎」共有三人，李鴻章、奕劻和榮祿。李實居首。奕、榮二人則互補第二名。

首先他要知道當時中國駐列強使節是聽朝中當權的四人幫的話，還是聽周總理的話。幸好這些使臣如楊儒、羅豐祿、伍廷芳……都是他的老班底，沒有做風派，更沒有變節，他可以如臂使指。對列國政情瞭如指掌。爲爭取外援，他甚至不惜假傳聖旨。

〔附註〕筆者在美國原檔內發現，七月二十日中國駐美公使伍廷芳曾向麥金萊總統親遞由光緒具名的〈國書〉一件。情辭懇切。大意說大清時局失控，舉世交責，至屬不幸。他懇請望重全球的麥金萊總統能作一臂之援，號召各國恢復舊好，云云（見美國務院公佈一九〇一年「對外關係」原檔）。這件〈國書〉顯然是李鴻章僞作。蓋北京此時不可能頒此國書，而國書日期爲七月十九日繕發，翌日便抵華府更無此可能。清檔中亦無此件。

第二，他要摸清自己朝中的老底子，看四人幫的控制究竟深入到何種程度。幸好這群小親貴原只是一群浮而不實的高幹子弟。亂政則有之，控制則未必。他們對那些老謀深算的老幹部的水鳥政策，是莫名其妙的。（文革期間那個四人幫和這個四人幫，頗有異曲同工之妙。）因此鴻章很快的就與奕劻、榮祿甚至慈禧建立起祕密管道來。奕劻、榮祿原都是李的政敵，但此時救命要緊，他二人暗中對李鴻章是言聽計從的；二人對西后的私語，其影響力亦不在載漪、載勛之下。

這時北京對外的電訊已斷，但北京與濟南之間的傳統驛馬最快的「八百里加急」，仍可照跑。往返一趟需時六日，而濟南在袁世凱治下，與各省會各商埠，則電訊暢通。所以華南各地與北京往返訊息需時八天（見李鴻章與駐滬美國總領事古德納談話記錄，載美國「國務院原檔」一九〇〇年八月二日古氏對國務院之密電）。鴻章並派遣兒子經述長駐濟南，觀察京津並監管電訊。因此，李氏對國內外訊息的掌握，都相當正確而完備；可說是達到知彼知己的境界。七月十六日鴻章自袁世凱電報中得知慈禧已任命他爲「直隸總督、北洋大臣」的重任，七月十七日遂力疾北上，二十二日抵上海，就正式進入外交前線了。

棋高一著，逼手逼腳

筆者在前節已交代過，庚子年間列國對華外交是各有其既定政策；他們在彼此之間是互爭短長，永不罷休的。可是他們對中國朝野的反應如何，則一向是耳邊風，絕不買帳的。中國的外交家，縱使本事通天，你所可能做的，至多只是在他們之間，搞一點挑撥離間的工作，使他們鷸蚌相爭，你收點漁翁之利。所幸的是他們之間的鷸蚌之爭是永不休止的，而我們的李鴻章（周恩來也是如此）卻正是個搞以夷制夷聞名世界的高手。

筆者落筆至此，心有餘酸。蓋二次大戰之末，當羅、邱、史三人在「雅爾達」會商支解中國時，羅氏忽然良心發現說：「我們還沒有通知蔣介石呢！」史氏莞爾說：「我們三個人決定了，蔣介石還敢翻案？」果然蔣介石不敢翻案，而蔣氏之下的幾位，卻又是只想承旨做官的政客，因此那片大於台灣四十四倍的外蒙古，就被他們不聲不響的斷送了。——李鴻章這個「封建官僚」，還沒有這樣窩囊呢！

所以當李氏於七月二十二日在上海登陸時，那些作賊心虛的列強外交官總領事，怕他挑撥離間，幾乎對他一致杯葛。海約翰雖然對老李不無興趣，一再訓令古德納與李鴻章接觸，而古氏這個小班超卻大不以爲然。他一再向上級頂嘴說：你們在華盛頓認爲李鴻章是個政治家，我們（指列強在滬的外交圈）在此地都知道他是個老奸巨猾、專搞挑撥離間的大騙子呢！（見上引「原檔」，一九〇〇年七月十七日古德納致海約翰之密電。）

對老李挑撥離間的伎倆，最感惱火的莫過於那位急於要把中國瓜分的法國殖民部長了。他後來曾特撰長文，警告法國朝野，千萬要提防李鴻章的挑撥離間，並大聲疾呼說：

李鴻章之分化聯盟政策已著成效。中國駐外使節在鴻章指導下，破費活動。對俄祕密交涉；對美法請求調解；對德國道歉；對日本動以種族情感相召；對英以長江商業利益之保護爲詞……（把入侵列強挑撥離間得七零八落）（見前引《李鴻章年（日）譜》頁四二四，轉引自*ECHO DE CHINE*及《字林西報》一九〇〇年九月十二日。）

我們老奸巨猾的李鴻章，在這兒是被那位一心要瓜分中國的法國殖民部長說對了。

但是人爲刀俎我爲魚肉，老李爲扶清保國，除掉老奸巨猾、挑撥離間之外，還有什麼其他辦法呢？

這位法國殖民主義的大總管對老李這一套也無可奈何；只有眼睜睜的看他去「挑撥離間」。老合肥倚老賣老，陰陽怪氣，也從不諱言。各色洋人被他玩弄於股掌之上，也哭笑不得！朋友，搞外交、搞國際政治，原來就是賭博，就是下棋嘛！——棋高一著，逼手逼腳。你下不過老頭子；你對老頭子，就哭笑不得。

弱國未必無外交

古德納這個小班超對老李原有極深的成見，也對他處處設防。但是這個手扶大美伯理璽天德敬贈的枴杖，腦後拖個豬尾巴，呵呵大笑，蹣跚而來的中國老頭子，可不把這個小洋人看在眼裡呢！他出言不遜，口口聲聲「你們的康格，和康格的老婆……」怎樣怎樣。

略通漢語的古德納認爲這老頭太不懂外交禮貌；那位中國翻譯也頗感尷尬，乃改譯爲「康格公使夫人」如何如何。可是也略通英語的李老頭子卻大聲改正他說「瓦壺、瓦壺」(wife, wife)，弄得古德納啼笑皆非，奈何他不得。(筆者幼年即嘗聞這一則「李鴻章軼事」，原以爲是好事者所編造。誰知後來在美國檔案中發現，竟實有此事。見上引「原檔」，一九〇〇年七月二十四日古德納致國務院密電。)

李鴻章這次到上海，原是有備而來。至於怎樣對付這批小帝國主義，他是胸有成竹的。他知道海約翰曾於七月三日向各國送致「備忘錄」。重申美國在此次事變中對「門戶開放政策」的堅定立場，並突出保證中國之「領土完整、主權獨立」。此一文件以「循環照會」(circular note)方式通知各國；各國毋須覆文。按國際法規，受文國如不適時提出異議，則被視爲默許。此備忘錄即有「臨時協定」(modus vivendi)之約束力。(參見美國務院公佈之一九〇一年「對外關係」檔。) 海約翰此一 modus vivendi之提出是得到英國全力支持的，而美國此時在老麥克阿瑟將軍(道格拉斯之父)指揮之下的駐菲美軍亦有七萬五千人之多。故海氏提出之照會，俄德法日義均不願說半個不字也。

根據此項重要的外交情報，李鴻章也就制訂了應變的腹案。爲著貫徹他自己的策略，他首先要折折這批小洋人的驕氣。在拳變期間，華人對洋人的態度是走兩個極端的；義和團和四人幫對洋人是懸賞緝拿、斬盡殺絕；互保區臣民和「二毛子」，對洋人則奴顏婢膝，一恭三揖。一個小小美國總領事，把個中國宰相也不放在眼裡的。所以老李要折其驕氣，使他服服貼貼爲自己傳話。說也奇怪，自此以後，古德納縱是在他的密電裡，對老李的態度也大爲改變。

李鴻章當時應變的腹案大致有如下數端：

第一，他要在國際公法裡把中國由交戰國換成受害國：拳匪是叛逆；兩宮被劫持（有榮祿密電爲證）；宣戰詔書是「矯詔」；入侵洋兵是來華助剿叛逆。按此邏輯，則入侵之洋司令官，包括瓦德西在內都要變成李中堂的「戈登將軍」了。因此中國對來華助剿的洋兵固有賠償軍費的義務；但是助剿各國卻沒有對華要求割地的藉口。如此「賠款」而不「割地」，大清帝國就可倖免於瓜分了。

李鴻章這套「拳匪叛亂」的邏輯，當時亦竟爲入侵列強所默許。其實老李哪有這力量來左右帝國主義呢？他搞的只是百分之百的「狐假虎威」罷了。在鴻章於七月底透過古德納與華府接觸之後，海約翰要求與困守東交民巷的康格用「密碼通訊」(cipher telegram)，鴻章未加考慮便答應下來了。自此美國駐華使館與華府國務院之間密電頻頻，都是由總理衙門和袁世凱以「八百里加急」代轉的。其他列強聞訊也紛提同樣要求，都爲李氏老氣橫秋的花言巧語地搪塞了。——至於海、李之間在搞些什麼樣的勾搭呢？那就讓善疑者，自己去幻想吧！

記得一九七九年春初，鄧小平在訪美之後，不久便發動了他的「懲越之戰」。這一仗打得蘇聯老大哥一頭霧水。這也可說是中國外交史上兩件巧合的小事吧！

鴻章抵上海後的第二項腹案，便是想解散各地的義和團，並把困在東交民巷之內的各國公使送往天津，以化除聯軍進攻北京的藉口；然後再懇請美國，根據門戶開放的原則出面阻止。此時的麥金萊和海約翰已早有此意，可是這一點他是徹底的失敗了。——是所謂外交受制於內交吧！

那時的北京是主戰派的天下。連榮祿也還在假裝指揮攻打使館呢！哪有可靠的部隊可以護送各國公使及外國傳教士（總數約一千人）離開北京呢？外國人走了，剩下了數千名「二毛子」又如何處理呢？更何況死守在東交民巷之內的洋人，衣豐食足，軍火充裕，並未嘗感覺有生命危險。日常以槍打義和團爲狩獵消遣，他（她）們才不要冒險遷居呢！

〔附註〕 那時有一對叫A. F. Chamot的夫婦，二人都是打活靶老手。因此夫妻二人在被圍五十五天之內，共射殺義和拳民約七百人。Chamot先生有一日射殺五十四人的最高紀錄！Chamot太太亦有日殺十七人的可驚誇口！見Young著前書，引自《紐約太陽報》(*The New York Sun*)一九〇一年一月二日「訪問錄」。那時來福槍的有效射程是二千米。前後左右四千米的街道上居民行人都在他們射程之內。被射殺的全是拳民，吾不信也。

時不我與，李鴻章與北京辦內交，要八天才能通訊一次。他們通訊未及三兩次，北京就淪陷了。首都既失，兩宮西狩，鴻章在上海也不能再待下去，就於九月十日搭招商輪，摒擋北上了。

使館解圍，聯軍解體，瓜分結束

鴻章輪於十九日抵大沽。他的「挑撥離間、老奸巨猾」的惡名再度引起當地洋官的聯合杯葛。德軍司令官竟不許他上岸。正是由於挑撥有道吧！其後終由俄軍保護登陸，進駐天津。十月十一日復由俄兵護送，遷往北京，與奕劻會晤共籌和局。

其實李鴻章此次北返，對整個入侵的聯軍來說，只是中國向八國佔領軍投降的一位代理人而已；一切聽命於聯軍，他作不得多少主也。雖然俄國卻要強迫他作爲佔領中國東北的代罪羔羊。當然對淪陷區的中國人民，他卻不失爲一個恢復安定的象徵。

前篇已言之，聯軍的八國，彼此之間矛盾太多，本不能聯合也。它是愚昧的滿族親貴攻打使館打出來的。一旦使館解圍，便是他們聯合的結束。

大致說來這時入侵的八國蓋可分爲三大陣營。最窮凶極惡者爲沙俄。它志在併吞東北，不達目的不已也。因此它在國內要儘量示好中國，不特首先自京津撤兵爲各國示範；並協助鴻章抗拒列國。然李鴻章亦終爲它逼死，留爲後話。

另一陣營則爲德法日義等瓜分派。他們對領土野心遠大於商業利益，無奈渾水摸魚的局勢已成過去。如今一致行動，並向英美「門戶開放原則」(Open Door Doctrine)一再表態。因此各國想再次作零星殖民地之搶奪，心雖不甘，行動上已不可能矣。

再一組便是英美二國了。兩國對華的基本原則，前節已不厭其詳縷述之矣。因此庚子之後，英美二國竟成大清帝國的看門犬。其後英國爲著聯日抗俄，美國爲著防日守菲，兩國都背棄門戶開放之原則，取媚日本，犧牲朝鮮；而中國之免於瓜分，則不能不說是受惠於海約翰之門戶開放也。——前節所言；拳亂起於瓜分的威脅，而瓜分的威脅，亦以拳亂的結束而告終，此之謂也。國際政治之奧妙，有如此者！

每個中國公民各賠美金七毛四

所以庚子年李鴻章在北京所辦結束八國聯軍的交涉，除後來對付不要臉的沙俄那一段之外，實較戊戌前（一八九七）恭親王、翁同龢等應付列強強租殖民地那一陣，反要輕鬆。且看庚子年冬八國要求、十四國受惠的十二條：（條文從簡）

一、向德皇謝罪、爲死難公使立碑。

二、懲凶。

〔附註〕李劉張三督，似乎比洋人更有興趣。《史事要錄》頁四五八，引英國〈藍皮書〉，在洋人要求的死刑名單中把「怡親王、溥靜」誤爲二人，其實是一人。共十一人。三位總督，恨不得全部答應呢！

三、爲殉難日本書記官作追思。
四、爲被毀洋人墳墓立碑。
五、暫禁武器入口。
六、賠款。(包括各國政府和民間及僱傭華民之損失。)
七、各使館自設衛兵。
八、毀大沽砲台。
九、維持北京大沽之間的交通安全。
十、禁止排外團體。
十一、修正通商航海條約。
十二、改革總理衙門及外交禮節。
※節自美「國務院原檔」中之漢文原件。

在這十二條要求中,比較難解決的只是第六條,賠款。究竟洋人在中國損失有多大,他們就漫天要價,獅子大開口了。就以教會損失來說吧!當時美公使館就通知各教堂

「自報」。其實他們早已私自解決（如上文所述），撈回已不止十倍八倍了，最後美國各教會還是分到兩百多萬。這還是美國當局柔克義等有意限制的結果。

柔克義這位「門戶開放政策」的有力推動者，在使館未解圍時，即由海約翰推薦來華爲「特使」，曾致力於戰爭地方化，不讓德軍把戰局擴大；在賠款方面，他的計算也比較溫和合理，因與力主強硬報復的康格發生齟齬，終代康氏爲駐華公使。俄人爲示好中國，英美代表爲讓中國不致破產，曾主張把賠款問題移交「海牙國際法庭」（The Hague Tribunal)仲裁，按實核算，未果行。最後各國乃隨意訂個天文數字四萬萬五千萬兩了事。這個數字之決定據說是出於列強公意，認爲此次戰禍是目無上帝的異端四萬萬五千萬支那蠻共同犯的罪惡。每人應罰銀一兩（按時價每兩值美金七角四分錢），就這樣決定了——這數目大致是在各國實際「損失」的十倍二十倍之間吧！但是只「賠款」而不「割地」，已是不幸之大幸了。

總之，八國聯軍這場糾紛，我們終能逢凶化吉者，蓋有二端。其要者爲英美合力的「門戶開放政策」之適時提出，另一點則是我們李劉張三督在分明的國際戰爭中爲中國化除了交戰國的身分。既非交戰國，則辛丑之會就沒什麼「和會」、「和約」一類的名詞出現。所以我們的〈辛丑條約〉既不成爲一種「和約」(peace treaty)，它就變成爲某種國際事件諸國共同商討的「議定書」(protocal)。因此我們〈辛丑條約〉在國際法上的正式名字應該叫Austria-Hungary, Belgium, France, Germany, Great Britain, Italy, Japan, Netherland, Russia, Spain, United States and China-Final Protocal for the Settlement of the Disturbances of 1900（中國爲一九〇〇年的動亂事件與十一國最後議定書）原件以法文爲準。既然是「議定書」，中國就不是戰敗國。割地一條也就可名正言順的省去了。

當奕、李二人把洋人這些要求，於辛丑電奏西安時，慈禧得報實在是鳳顏大悅。第一是洋人竟然沒有要求她所最怕的「歸政」。眞是大「淸」有「水德」，與「洋」人並不相「沖」。第二、她老人家闖下了如此大禍，竟然寸土未失。實在是李鴻章搞「洋務」本事通天。這個「肅毅伯」不待翹辮子，也是功應封侯的。——老太后對兒子也就不再忌嫉而決定勝利「回鑾」了。

李鴻章之死

西太后老人家的問題是解決了，但是李鴻章的問題並沒有解決。——俄國現在決定要併吞中國東北；並且要在李鴻章名下併吞之。

前章已言之，拳亂驟起時，俄國要趁渾水摸魚，乃於庚子春夏之交急調大兵二十餘萬人，北自海蘭泡南自旅大，分進夾擊，侵入滿洲（今東三省）。

庚子八月在七國聯軍攻佔北京之後，俄軍故作姿態自北京撤兵（八月二十八日）；而東北兩路入侵的俄軍卻正在加緊進攻。自北南下攻佔了黑龍江省城（八月三十日），再陷吉林省城（九月二十一日）；自南北上則攻佔了營口（八月五日）、瀋陽（十月二日）；南北兩路會師（十月六日），就把中國東北全部佔領了。俄皇得報乃向俄皇太后上壽，說是「托天之佑」（見上引《年（日）譜》轉引蘇俄「紅檔」）。

此時中國疆臣黑龍江將軍兵敗自殺（壽山自己躺入棺材，命令兒子開槍把他打死）。盛京將軍增祺則被俄軍所迫與佔領軍司令阿萊克息夫(Vice Admiral Evgeni I. Alekseev)於十一月九日簽訂了一項所謂〈奉天交地暫且約章〉（增阿暫章）九條，允許俄人駐軍、築路（哈爾濱至旅順）、助理軍政要公、佔領營口，而中方則解散軍隊，交出軍火砲台等等，其內容與後來日本人所要求的二十一條，極爲相似。其後俄人即據此要求李鴻章於「辛丑議定書」之外，單獨再簽此項中俄密約，以爲撤兵條件。中方如依議簽約，則白山黑水就要全部淪爲俄國的「保護地」(protectorate)。如此則所謂「主權獨立、領土完整」，便全屬空話。中國如拒不簽約，則俄人便拒不撤兵，把滿洲永遠佔領，中國連宗主權也不能保存。何擇何從，遂在奉旨「便宜行事」的李「全權」的一念之間。

這時李鴻章已七十九高齡，盡瘁國事，內外交煎。辛丑年冬季，鴻章生命已至末日，累月發燒吐血，臥床不起。正在此油盡燈枯之際，而俄人連番催逼，從不稍懈，直至鴻章死而後已。

李鴻章死於一九〇一年辛丑，十一月七日。死前數小時，俄使仍佇立床前，迫其畫押，爲鴻章所拒。俄使去後，鴻章遂命兒子經述草遺摺勸自強；並命于式枚草遺摺薦袁世凱代己爲直隸總督、北洋大臣。臨終切齒痛恨毓賢誤國而卒。（見《庚子國變記》）

八國聯軍和義和團之亂確實是始於「毓賢誤國」。迨李鴻章痛恨「毓賢誤國」而死，拳亂痛史也就正式結束了。遭殃的是四億五千萬人民，而身爲禍首的葉赫那拉老太婆，卻因禍得福。——江山無恙，歸政免談。當她乘著當時世界上最豪華的專列火車，自保定直駛京郊馬家堡時，袁宰相率文武百官和中國第一支軍樂隊，排班恭迎。太后下車，樂聲大作。可惜當時武衛軍的樂隊，還不會吹奏後來的《風流寡婦》和《美麗的亞美利加》等名曲，他們乃大吹其法國國歌的《馬賽曲》，恭迎大清太后回鑾，樂聲亦確實雄壯無比。

兩宮所乘的這輛豪華專列，原是新任的北洋大臣，爲太后乘火車的處女航而特製的。但有誰知道十年之後，它卻變成叛逆亂黨孫文的專車？更有誰知道，再過十六年，它駛過皇姑屯時，竟被日本軍閥炸得稀爛！

車猶如此，人何以堪？讀史者能不慨然？

***原載於台北《傳記文學》第六十二卷第四期及第五期**

國家圖書館出版品預行編目資料

晚清七十年 / 唐德剛著. -- 初版. -- 台北市
：遠流，1998〔民 87〕
冊；　　公分. -- （唐德剛作品集；1-5 ）

ISBN 957-32-3510-2（一套：平裝）. -- ISBN 957-32-3511-0（第一冊：平裝）. -- ISBN 957-32-3512-9（第二冊：平裝）. -- ISBN 957-32-3513-7（第參冊：平裝）. -- ISBN 957-32-3514-5（第肆冊：平裝）. -- ISBN 957-323515-3（第伍冊：平裝）

1. 中國 - 歷史 - 晚清(1840-1911)

627.6　　　　87005962

陳舜臣作品集 1

【推理小說】

枯草之根

陳舜臣⊙著

姚巧梅⊙譯

南洋豪商席有仁遠赴日本神戶，要與他始終無緣相晤的恩人李源良會面，不料在他身邊卻接連發生兩樁命案。先是獨居老人徐銘義被絞殺，後是政客吉田庄造的姪子田村良作中毒身亡，其間疑雲重重，撲朔迷離。

一段雋永甘醇的友情，歷經歲月的醞釀，竟成苦澀的酒汁。「桃源亭」老闆陶展文該如何幫忙解決這個難題呢？……

陳舜臣作品集 3

【推理小說】

虹之舞台

陳舜臣⊙著

蕭志強⊙譯

旅居日本神戶的富商馬尼拉爾・拉埃陳屍於登山道上，一場預定舉行的咖哩盛宴由此取消。究竟他是因爲侵佔印度革命英雄強德拉・博斯的寶石，惹禍上身？還是與事業夥伴有財務糾紛而命喪黃泉？抑或是外遇問題招致家庭危機？

在「桃源亭」老闆陶展文和小島記者的循線追查下，好不容易發掘出相關人物出身於低層社會的悲慘心聲。……

陳舜臣作品集 4

【推理小說】

再見玉嶺

陳舜臣⊙著

姚巧梅⊙譯

玉嶺第三峰上塗著朱唇的大佛像，是古今兩段三角戀情的標誌。梁武帝時，當朝宰相之門生包選和玄學大師之徒石能，爲朱家佳人少鳳雕刻石佛而命喪崖下；中日戰爭時，少女李映翔又擄獲日本青年入江與游擊隊隊長臥龍的心，只要誰殺了大漢奸謝世育，便能得到她託付終生。

漫天烽火裡，大時代兒女面臨個人與國家利益的衝突，該做何抉擇呢？……

陳舜臣作品集 5

【推理小說】

孔雀之道

陳舜臣⊙著

張玲玲⊙譯

一個像火球一樣的女人，燃燒自己，溫暖戀人的心，卻在一場無名火災後芳魂不散。一個深愛妻子的男人，背叛祖國，心性大變，轉而成為心狠手辣、冷酷無情的魔鬼。

混血兒羅絲·基爾摩由英國返回日本任教，卻碰上一樁命案，意外地發現雙親之間有一段糾葛不清的恩怨情仇。父與母，西方文化與東方文化，她將何去何從？……

陳舜臣作品集 6

【推理小說】

托月之海

陳舜臣⊙著

張玲玲⊙譯

須方範子和濱名小夜子都是身世堪憐的女人。兩個可憐人的戰爭，益發顯得慘烈。那是不願失去到手的東西的冒死防守，以及一心想獲得沒有的東西的凌厲攻擊。

一只名爲「蒼海之壺」的陶壺引燃了戰火，一個專事勒索的惡棍小西耕造是她們共同的敵人，而一張合成照片成爲雙方奮力拚搏的戰場。夾處在兩個自己深愛的女人之間，黑川常彥該如何是好？……

陳舜臣作品集 7

【推理小說】

失去的背景

陳舜臣◎著

張玲玲◎譯

東方文明研究所成員程紀銘前往日本，要追查祖父程沛儀將軍被暗殺的眞相，不意周遭連續發生了美術專家廖龍昇溺斃、張氏兄弟公司總經理小杉順治飲彈身亡等事故，他自己也莫名捲入一樁命案，而死者竟是當年謀害祖父的兇嫌西野錠助。

經過逃亡後的仔細調察，程紀銘恍然大悟，這一連串事件都與一位城府甚深的不良少女有關，而他的人生觀也因此有了另一番轉變。……

陳舜臣作品集 8

【推理小說】

柊之館

陳舜臣⊙著

汪　平⊙譯

渾身充滿一種精神的躍動，似乎要喊出「活著眞好！」——這是人生之中難得的經歷。

神戶北野町尖嘴屋中，老女傭杉浦富子娓娓道出她生命裡幾則動人的故事：暗耍陰險的青年拉爾夫、與顚茄花一起長眠於荒野的庸醫蓓麗柯、少女時代捲入「崎」公寓命案的久米阿婆、在飯店內訛詐客人的威斯德先生、欺騙愛情的混血兒間諜彼得、歷盡艱辛爲夫報仇的女傭珠芳，令人回味無窮。……

陳舜臣作品集 9

【推理小說】

青玉獅子香爐

陳舜臣⊙著

姚巧梅⊙譯

一九二三年紫禁城一場大火，點燃了青玉獅子香爐的生命，嫋嫋縈繞著李同源一生一世的執著。

在詭譎多變的時局裡，獅子香爐成為李同源生命與靈魂的寄託與依歸。當烽火連天，神州變色，故宮珍寶輾轉南遷，青玉獅子香爐行蹤成謎時，心靈深處已幻化為青玉獅子香爐的李同源頓失了一切精神的依靠。

尋找獅子香爐，尋找遠颺的靈魂，李同源，能否再一次與青玉獅子香爐重逢!?

陳舜臣作品集 10

【歷史隨筆】

秦始皇

陳舜臣⊙著

張玲玲⊙譯

群雄並起的世代，秦始皇憑藉著個人深具「魔性」的獨裁性格，與前代累積的實力，以「非常之人，超世之傑」的姿態，完成統一天下的曠世鉅業。

短短十五年的秦朝國祚，讓始皇承受著二千多年褒貶互摻的評價。陳舜臣以其個人獨到的見解，重新解讀「秦始皇」。在本書，你可以發現始皇身為人類的弱點，也可以在這個深信自己是絕對者的帝王身上，找出類似尋常百姓的身影。且讓始皇以新的面貌重新站在歷史的舞台之上。

陳舜臣作品集 11

【歷史隨筆】

中國傑物傳

陳舜臣◎著

謝文文◎譯

「滾滾長江東逝水、浪花淘盡英雄。」無論是推動時代或是被時代推動，古往今來，形形色色的人在歷史舞台上穿梭過場。

范蠡、子貢、呂不韋、張良、漢宣帝、曹操、苻堅、張說、馮道、王安石、耶律楚材、劉基、鄭和、順治皇帝、左宗棠、黃興，都度過了不平凡的一生，可說是亂世裡的宿命性人物。試想：他們如果生在太平盛世，會不會有另一番境遇呢？

透過這十六則傳奇故事，《中國傑物傳》將提供給您不一樣的思考空間……